개정4판

Food Service Industry

COST CONTROL

현장실무에서 관리자들이 꼭 알고 있어야 하는

NCS 외식원가관리

이진미 저

백산출판사

머리말

외식 및 단체급식산업에서의 원가관리 목적은 고객에게 보다 품질 좋은 음식을 제공하면서 운영자에게는 이익의 효율성을 높일 수 있는 전략을 세울 수 있게 함에 있습니다. 일반 외식업소인 호텔 및 레스토랑, 단체급식소에서의 고객만족은 운영의 성공과 연결되는 중요한 사안으로 대두되었고, 원가의 효율적 관리는 고객만족경영의 제일 우선 조건으로서 그 중요성이 부각되고 있는 실정입니다. 외식 및 단체급식산업 관리자들은 원가관리에 관련된 기본 지식을 숙지하고 실천할 수 있어야 하며, 외식 및 단체급식업소에서는 원가시스템 환경 조성에 대한 끊임없는 관심을 가지고 훈련여건을 마련해 줄 수 있어야 합니다.

기존에 발간된 원가관리 관련 책들이 많이 있지만, 본서에서는 현장실무에서 관리자들이 꼭 알고 있어야 하는 내용과 미국 외식 및 단체급식 경영전공 관련 대학에서 활용하고 있는 원가관리 교육자료집 및 NCS 능력단위를 참고로 현장 준비를 하고 있는 미래의 외식 및 단체급식산업 관리자들이 꼭 알아두어야 할 내용 중심으로 구성하였습니다.

현장에서 필요로 하는 경영 전문 인력을 위한 기초 교육 자료로 활용되었으면 하는 바람과 함께 책 집필에 도움을 주신 분들께 고마운 마음을 전하며, 기회를 허락하시고 능력을 주신 하나님께 깊은 감사를 드립니다.

이진미

차 례

Chapter 1

외식원가관리의 중요성

1. 급식운영에서의 원가관리시스템

1) 관리의 시스템적 접근

급식산업의 흐름도를 살펴보면<그림 1-1>, 오늘날 원가관리는 외식업소를 성공적으로 운영하기 위한 가장 중요한 요소로 대두되고 있는 실정이다. 외식업소 운영 및 관리자들은 그들의 업무수행에(표 1-1) 필요한 재무 및 회계기술을 함양시켜야 하며, 이러한 과정은 보다 효율적이고 효과적인 운영을 위한 의사결정에 기여할 수 있을 것이다.

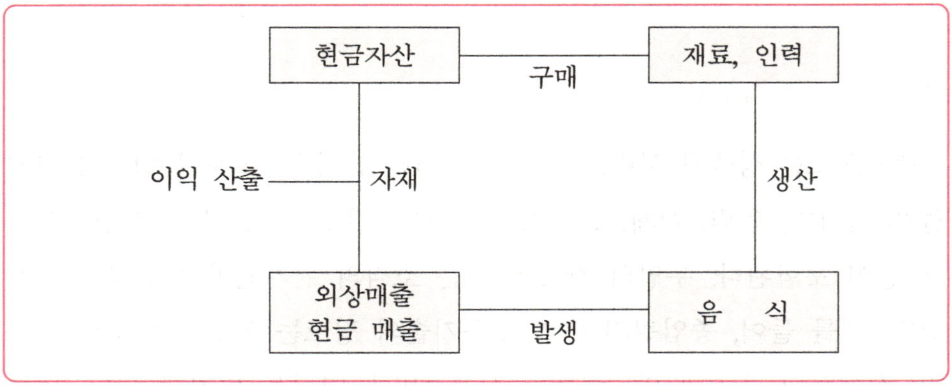

• 그림 1-1 급식산업의 흐름도

• **표 1-1** 관리업무의 비교

	급식산업 관리자	제조업 관리자	소매업 관리자
1. 원재료 다룸	○	○	×
2. 상품 제조	○	○	×
3. 고객에게 배분	○	×	○
4. 고객에게 마케팅	○	×	○
5. 고객과 직접문제 해결	○	×	○

관리시스템은 급식소 운영을 환경과의 상호작용 측면에서 연관시켜 볼 수 있는 기본모델을 제시해 준다. 시스템이란 목표달성을 위해 조정하기 위한 서로 연관된 요소들의 집합으로 <그림 1-2>와 같이 설명될 수 있다.

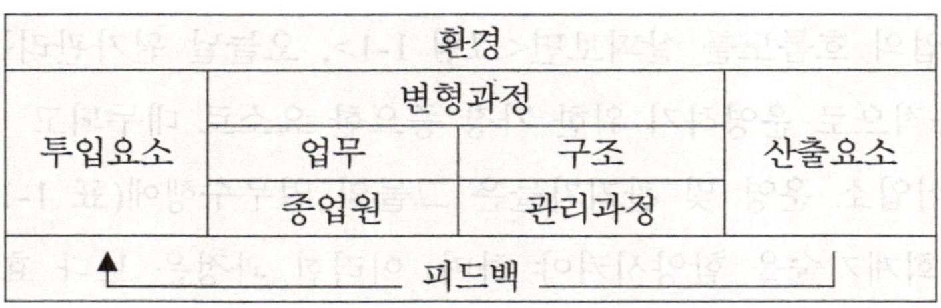

• **그림 1-2** 기본 시스템 모델

(1) 투입요소(Inputs)

투입요소는 상품과 서비스의 생산을 위하여 시스템으로 들여오는 자원들을 말하며, 인력, 식재료, 자재, 에너지, 자본, 시설, 공간, 생산기술정보 등이 포함된다. 투입의 각 요소들은 조직의 원가관리에 영향을 주게 된다. 예를 들어, 종업원의 수와 보유기술의 정도는 인건비에 영향을 주며, 식재료의 품질과 양, 종류는 식재료비에 영향을 미치게 된다. 또한 음식생산시스템에 따라 기기, 저장, 운송비용 등이 식재료비와 인건비에 주요 영향을 미치게 된다.

(2) 변형과정(Transformation)

변형과정은 투입자원들이 조직의 운영목적에 적합한 상품과 서비스로 전환되는 과정을 포함한다. 운영조직의 구조 안에는 여러 단계의 통제 체계가 존재하게 되며, 효과적인 급식시스템일수록 재무와 기록체계 시스템이 잘 설정되어 있다. 특히, 원가관리는 의사결정, 문제해결, 계획과 목표설정, 평가와 통제에 직접적으로 연관되어 있는 중요한 부분이다.

(3) 산출요소(Outcomes)

산출요소는 변형과정의 결과로, 급식소의 산출요소는 음식 및 서비스, 고객의 만족, 이익, 종업원의 만족 등이 포함된다. 모든 급식소는 목표이익이 설정되어 있으며, 급식소의 운영성격에 따라 이익을 추구하기 위해 적극적으로 관리하는가 하면, 손익분기점만을 목표로 관리하는 수도 있다. 어떠한 목표를 추구하든 잘 개발된 재무통제시스템은 모든 급식소 운영에서 필수요소이며, 재무기록은 효과적인 계획과 평가, 미래를 위한 의사결정을 위해 이용되어질 수 있는 정보로 관리하기 위하여 반드시 이루어져야 한다.

(4) 피드백(Feedback)

피드백은 운영결과로 얻어진 정보들을 투입요소와 변형과정을 위한 미래의 의사결정에 반영하는 것으로, 예를 들어, 급식소에서 계획보다 적은 이익이 산출되었다면 이러한 정보들은 운영의 투입요소와 변형과정 평가에 고려되어야 한다. 만일 적은 이익이 높은 식재료비 때문이라면 식재료의 구매량이 너무 많아 낭비가 초래되었는지, 종업원들의 훈련이 제대로 이루어지지 않아 1인분 양이 과다로 정량되었는지 등 발생될 수 있는 문제에 대하여 비용효과 측면에서 개선되어질 수 있도록 수정을 해야 한다.

(5) 환경(Environment)

급식소 운영에 영향을 미치는 많은 요소들이 외적으로 관계되어 있으며, 그 중에 가장 중요한 요소가 고객으로 들 수 있다. 고객의 연령, 수입정도, 학력정도, 직업의 종류, 자녀의 수, 종교 등과 같은 일반적인 특성은 고객의 기대, 가치, 구매의사결정에 영향을 미치며, 정부의 임금정책, 세금정책, 근로기준 정책, 위생관리정책 등은 모든 급식소 운영에 영향을 미치게 된다. 미국의 경우, National Institute for the Foodservice Industry(NIFI), National Restaurant Association(NRA), American School Foodservice Association(ASFSA), National Association of College and University Foodservice(NACUFS), American Public Health Association(APHA) 등이 급식소 운영의 자체 모니터링 지침을 위한 기준을 제시해 주고 있다.

이러한 시스템 모델은 조직운영에 있어서 문제를 파악하고, 파생될 수 있는 문제의 원인을 결정하고, 개선할 수 있는 전략을 수립하는 과정을 보다 체계적으로 관리할 수 있게 하여 주며, 궁극적으로 관리자가 조직운영의 목표를 달성할 수 있도록 도와준다.

2) 관리의 기능

계획, 조직, 인사배치, 지휘, 통제는 관리의 기본기능이다. 급식소 운영에 있어서 성공적인 관리는 이러한 관리기능이 서로 잘 연결되어 있는 경우에 가능하다.

(1) 계획(Planning)

예산기능은 급식소 운영을 위한 재무관리에 있어서 가장 기본적인 계획기능에 속한다. 예산은 특정기간의 수입, 지출, 이익을 계획하는 재무계획으로 재무의사결정에 아주 중요한 지침서가 된다. 예산은 대부분 1년 단위로 계획되어지고 월별로 집행되어진다.

(2) 인사배치(Staffing)

인사배치는 조직운영의 목표를 달성하기 위하여 필요한 업무수행을 담당하기 위한 종업원의 수와 필요로 하는 기술정도를 결정하는 기능이다. 또한 종업원을 모집, 선발, 오리엔테이션하는 과정도 포함된다. 급식소 운영에 있어서 인건비가 많은 부분을 차지하는 관계로 시간계획(scheduling)은 재무업적에 많은 영향을 미치게 된다. 결국 급식소 운영에 있어서 높은 인건비는 생산시스템에서 공동조리나 조리냉장시스템 등의 발전을 초래하게 되었다. 이러한 생산시스템은 인력공급이 특히 부족한 지역에서 고려해 볼만하다.

(3) 지휘(Leading)

지휘에 있어서 가장 중요한 부분은 사기증진이고, 종업원의 사기증진은 생산성과 연관을 가지게 되며, 이는 인건비 조절에 직접적으로 영향을 주게 된다. 에너지 절약, 안전수칙 행동, 직무만족 등이 긍정적으로 나타날 수 있도록 해야 한다.

(4) 통제(Controlling)

통제는 계획이 잘 수행되어졌는가를 확인하는 기능으로 기준과 실제수행의 차이를 줄이고자 피드백이 잘 이루어져야 한다. 급식소 운영에 있어서 가장 중요한 통제기능은 메뉴이다. 메뉴는 구매, 인사배치, 생산, 기기설치, 가격책정에 있어서 중요한 통제기능을 가지며, 표준 레시피는 균일한 품질, 양, 가격의 음식을 생산하기 위해 필수적인 요소이다. 또한 품질확인(quality assurance)시스템, 수요예측(forecasting)시스템 등도 중요한 통제기능을 가지게 된다.

2. 원가관리의 중요성

레스토랑이 성공하느냐 실패하느냐의 차이는 근본적으로 판매의 3%에 달려 있다고 한다. 실제로 모든 비용과 세금을 제외한 순이익은 매출의 0.5%에서 3% 범위로 나타난다. 레스토랑의 성공은 오픈 전의 계획에 80%나 의존하고 있기 때문에 과거의 "trial & error" 관념으로 경영을 해서는 성공할 수 없다. 원가관리는 일시적인 프로그램이 아니라 지속적인 프로그램이 되어야 하고, 궁극적인 목적은 "이윤극대화"에 있으며, 단순히 비용최소화 개념이 아님을 명심해야 한다. 세부적 원가관리의 목표는 다음과 같다.

- 매일매일 운영을 위한 의사결정을 위한 정보 제공
- 종업원과 조직의 효율성을 모니터
- 예산범위 내에서 수입과 지출의 현황정보 제공
- 도난방지
- 운영현황에 대한 기초자료 제공
- 수정보다는 예방을 강조
- 비용의 최소화보다는 이윤의 극대화 추구

예를 들어, 10,000원의 판매당 1,000원의 이익을 얻는 레스토랑에서 경영주가 1,500원의 이익으로 올릴 것을 지시했다면, 판매증대 또는 비용감소의 방법 중 매니저 입장에서 어느 방법을 택할 것인가? 첫 번째 방법을 택한다면 500원의 이익을 올리기 위해 5,000원의 매출을 더 올려야 하며, 이를 위해서 광고 전략을 짠다면 또한 그 비용 감당을 위해 매출을 더욱 높여야만 한다. 그러므로 비용감소의 방법이 더욱 확실하고 쉬운 방법일 수 있다. 비용감소는 식음재료와 서비스의 품질과 매우 깊은 연관이 있다는 것을 명심해야만 한다. 가격은 높아지고, 1인분 양은 적어지고, 서비스 속도는 느려진다면, 고객들은 다른 경쟁업소를 찾아가기 시작할 것이다. 리모델링, 훈련, 광고, 음식의 품질 개선을 위하여 투자를 하지 않는다면 결국은 성공할 수 없다. 샐러드 바의 양상추가 누렇게 변해 있고, 식재료비를 낮추기 위해 계속 품질이 떨어지는 식재료를 구입하고, 고객의 불만을 시정해 주지 않는다면 그 레스토랑은 머지않아 어려움에 처하게 될 것이다. 고객만족과 음식의 품질수준을 고려하면서 재정적 만족을 추구하여야만 한다. “highest quality, lowest cost”의 개념이 아니라 조직의 목표에 맞는 “higher quality, lower cost”의 개념을 추구해야 한다. 조직의 목표에 맞는 표준 설정과 그 표준을 실현하기 위한 방법을 구체화, 계량화, 기록화 하는 작업과 이에 대한 피드백 작업이 지속적으로 이루어져야만 할 것이다.

3. 숫자(Numbers)의 중요성

숫자를 이해하고 작업하는 것은 레스토랑 운영 측정의 기본이 된다. 레스토랑 운영 측정 기준은 다음의 세 가지 측면에서 중요하게 분석되어진다.

- 고객 만족(Customer satisfaction)
- 종업원 만족(Employee satisfaction)
- 이익과 현금흐름(Profitability and cash flow)

위 세 분야에서의 숫자를 높게 하기 위해서 레스토랑 현장 전문가들은 다음의 커리어 성공모델을 완수할 수 있는 지식과 기술이 겸비되어야 한다<그림 1-3>.

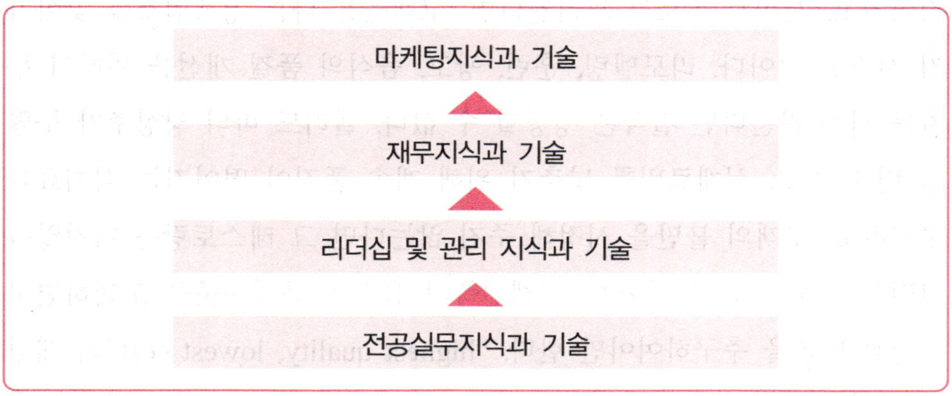

• 그림 1-3 커리어 성공모델

4. 외식원가관리관련 NCS 능력단위

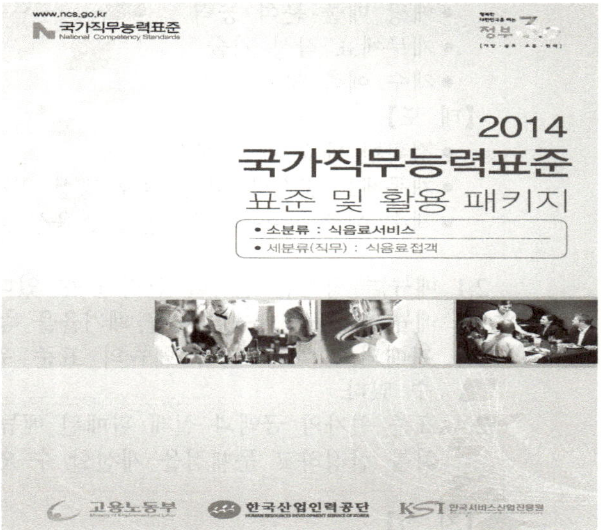

분 류 번 호	1301030110_15v1
능력단위 명칭	매장 손익관리
능력단위 정의	매장 손익관리란 매장의 이익을 극대화하기 위하여 매출관리, 메뉴 원가관리, 인건비 등을 관리하는 능력이다.

능력단위요소	수행준거
1301030110_15v1.1 매출 관리하기	1.1 매장 손익관리의 기본개념을 이해하고 손익계산서를 작성할 수 있다. 1.2 객수 예측 기법을 통해 정확한 예상 객수를 산정할 수 있다. 1.3 매출 분석 시 객단가와 회전율, 메뉴별 판매 현황을 토대로 매출을 분석할 수 있다. 1.4 매출 분석을 토대로 매출을 향상시킬 수 있는 방법을 도출할 수 있다.
	【지 식】 • 매장 매출관리 사례에 대한 지식 • 재무제표에 대한 지식 • 객수 예측 기법

능력단위요소	수행준거
	【기 술】 • 매장 매출 분석 능력 • 재무제표 작성 기술 • 객수 예측 능력 【태 도】 • 정확한 매장 매출 분석 태도 • 재무제표 분석에 따른 매출 향상 의지 • 객수 예측을 통한 매장운영 효율성 극대화 의지
1301030110_15v1.2 메뉴 원가 관리하기	2.1 메뉴별 정확한 원가를 산정할 수 있다. 2.2 메뉴 제공 시 메뉴별 평균 폐기율을 측정할 수 있다. 2.3 판매되고 있는 전체 메뉴의 표준 원가를 산정할 수 있다. 2.4 표준 원가의 금액과 실제 판매된 메뉴의 원가 금액 차를 산정하고 문제점을 개선할 수 있다.
	【지 식】 • 원가 산정에 대한 지식 • 메뉴 폐기 기준에 대한 지식 • 표준 원가 산정 방법 • 원가 개선 방법 【기 술】 • 메뉴별 원가 산정 능력 • 메뉴 폐기율 측정 기술 • 판매되는 전체메뉴의 표준 원가 산정 능력 【태 도】 • 정확한 원가 분석 태도 • 폐기율 관리를 통한 비용 절감 의지 • 원가분석을 통한 매장운영 효율성 극대화 의지
1301030110_15v1.3 인건비 관리하기	3.1 매장의 접객 생산성을 토대로 표준화된 작업지시서를 작성할 수 있다. 3.2 매장 예상 입점 객수 예측을 토대로 업무용 작업지시서를 작성할 수 있다. 3.3 업무용 작업지시서에 따라 포지션별, 업무 능력별로 최적의 인력을 배치할 수 있다. 3.4 업무용 작업지시서의 목표시간과 일치하지 못한 업무를 분석하고 개선할 수 있다.

능력단위요소	수행준거
	【지 식】 • 표준화된 작업지시서에 대한 지식 • 업무용 작업지시서에 대한 지식 • 인력배치에 대한 지식 【기 술】 • 표준화된 작업지시서 작성 능력 • 업무용 작업지시서 작성 능력 • 효율적인 인력배치 능력 【태 도】 • 접객 생산성을 극대화하려는 의지 • 업무용 작업지시서 준수 태도 • 업무 개선 의지
1301030110_15v1.4 기타비용 관리하기	4.1 매장의 기타비용관리 대상에 대한 유형을 분류할 수 있다. 4.2 매장의 기타비용관리 목록표를 작성할 수 있다. 4.3 기타비용관리 목록표에 따라 기간별로 실사를 할 수 있다. 4.4 실사결과에 따라 기타비용의 유지보수 운용을 할 수 있다.
	【지 식】 • 매장 기타비용에 관한 규정 • 매장 기타비용관리 목록표 관리에 대한 지식 • 매장 기타비용 유지보수 방법 【기 술】 • 매장 기타비용유형 분류 능력 • 매장 기타비용관리 목록표 작성 기술 • 매장 기타비용 실사 능력 • 매장 기타비용 유지보수 운영 능력 【태 도】 • 구체적인 매장 기타비용관리 목록표 작성 의지 • 정확한 매장 기타비용 실사 태도 • 효율적인 매장 기타비용 유지보수 운영 의지

1) 적용범위 및 작업상황

(1) 고려사항

- 이 능력단위는 매장 이익을 극대화하기 위한 매출관리, 원가관리, 인건비관리와 더불어 매장 기타비용을 관리하는 업무에 적용한다.
- 객수 예측 기법이란 기존 매출 성과를 분석하여 현재의 다양한 마케팅 프로그램, 날씨의 변화, 주변상권의 변화 등을 반영하여 예측할 수 있는 객수 기법을 의미한다.
- 회전율이란 매장 운영시간 내 고객들의 유입, 서비스 시간의 회전하는 비율을 의미한다.
- 폐기율이란 고객에게 메뉴제공 후 남은 음식의 양을 의미한다.
- 작업지시서란 Work Schedule을 의미하며 이는 업무에 대한 시간대별 수행내용을 기록한 시간표를 의미한다.
- 접객 생산성이란 매장 내에서 직원 1명이 고객에게 서비스할 수 있는 능력을 의미한다.
- 기타비용관리 목록표란 매장에서 보유하고 있는 기기, 설비 및 도구의 목록을 의미한다.

(2) 자료 및 관련 서류

- 당해 매장 매출 자료
- 당해 매장 원가 자료
- 당해 매장 인건비 자료
- 당해 매장 고정비 자료
- 기타비용관리 목록표

- 표준 작업지시서

(3) 장비 및 도구

- 컴퓨터
- 문서작성도구
- 빔 프로젝터
- 프린터

(4) 재료

- 해당 없음

2) 평가지침

(1) 평가방법

- 평가자는 능력단위 매장 손익관리의 수행준거에 제시되어 있는 내용을 평가하기 위해 이론과 실기를 나누어 평가하거나 종합적인 결과물의 평가 등 다양한 평가 방법을 사용할 수 있다.
- 피평가자의 과정평가 및 결과평가 방법

평가방법	평가유형	
	과정평가	결과평가
A. 포트폴리오		
B. 문제해결 시나리오	V	V
C. 서술형 시험	V	
D. 논술형 시험		V
E. 사례연구	V	
F. 평가자 질문		
G. 평가자 체크리스트		
H. 피평가자 체크리스트		
I. 일지/저널		V
J. 역할연기		
K. 구두발표		
L. 작업장 평가		
M. 기타		

(2) 평가시 고려사항

- 수행준거에 제시되어 있는 내용을 성공적으로 수행할 수 있는지를 평가해야 한다.
- 평가자는 다음 사항을 평가해야 한다.
  - 매장의 재무제표를 작성할 수 있는 능력
  - 객수 예측 기법을 활용하여 객수를 산정할 수 있는 능력
  - 메뉴별 정확한 원가를 산정할 수 있는 능력
  - 메뉴별 평균 폐기율을 측정할 수 있는 능력
  - 표준화된 작업지시서를 작성할 수 있는 능력
  - 작업지시서에 따라 최적의 인력을 배치할 수 있는 능력

- 매장 기타비용관리 대상에 대한 유형을 분류할 수 있는 능력
- 매장 기타비용관리 목록표를 작성할 수 있는 능력
- 매장 손익관리를 통하여 매장 운영업무를 개선할 수 있는 능력

3) 직업기초능력

순번	직업기초능력	
	주요영역	하위영역
1	의사소통능력	문서이해 능력, 문서작성 능력
2	수리능력	기초연산 능력, 기초통계 능력
3	문제해결능력	문제처리 능력, 사고력
4	자원관리능력	물적자원관리 능력, 시간자원관리 능력, 예산자원관리 능력, 인적자원관리 능력
5	정보능력	컴퓨터활용 능력
6	조직이해능력	경영이해 능력

4) 개발이력

구 분		내 용
직무명칭(능력단위명)		외식운영관리(매장 손익관리)
분류번호	현재	1301030110_15v1
개발연도	현재	2015
버전번호		v1
개발기관	현재	한국외식업중앙회
향후 보완 연도(예정)		2018~2020

분 류 번 호	1301020110_14v2
능력단위 명칭	식음료 영업장 관리
능력단위 정의	식음료 영업장 관리는 전반적인 영업의 관리단계로써 경영상의 영업현황을 파악하고 계획을 수립하여 효율적으로 영업장을 운영 관리하는데 필요한 능력이다.

능력단위요소	수행준거
1301020110_14v2.1 직원 관리하기	1.1 직원들의 근무일정을 관리할 수 있다. 1.2 직원들의 근무능력에 따라 업무분장을 할 수 있다. 1.3 직원의 직무교육훈련을 실시할 수 있다. 1.4 사원의 근무태도와 근무능력 등을 평가할 수 있다.
	【지 식】 • 영업장 매뉴얼 • 근로기준법 【기 술】 • 스케줄 관리 기술 • 교육훈련 기술 【태 도】 • 리더십 • 공정한 태도 • 관심과 배려 • 책임감과 사명감을 가진 태도
1301020110_14v2.2 영업계획 수립하기	2.1 동종업계의 트렌드를 파악하고 경쟁업소에 대한 비교 분석을 실시할 수 있다. 2.2 매출현황 자료를 분석할 수 있다. 2.3 분석결과를 바탕으로 영업계획을 수립할 수 있다.
	【지 식】 • 경쟁시장의 트렌드 • 매출목표 설정 방법 • 예산 설정 및 영업기획에 관한 지식 • 판매촉진 기법 【기 술】 • 매출현황 분석 기술 • 통계 프로그램 사용 능력

능력단위요소	수행준거
	【태 도】 • 치밀하고 냉철한 태도 • 고객지향적으로 기획하려는 태도 • 트렌드를 주시하고 파악하려는 태도
1301020110_14v2.3 매출 손익 관리하기	3.1 매출손익을 항목별로 분석할 수 있다. 3.2 효율적인 원가관리를 할 수 있다. 3.3 원가 항목을 검토하고, 개선의 필요성과 방향을 정할 수 있다.
	【지 식】 • 재무제표에 대한 지식 • 비용의 항목과 의미 【기 술】 • 비용을 관리하는 기술 • 매출손익 분석 기술 • 원가분석 기술 【태 도】 • 분석적 사고 • 개선 의지 • 적극적인 마인드

1) 적용범위 및 작업상황

(1) 고려사항

- 이 능력단위는 식음료 영업장을 운영 관리 경영하는 업무에 적용한다.
- 원가(Cost) 개념에는 다음의 사항들이 포함된다.
  - 원가요소 : 재료비(food cost), 노무비(labor cost), 경비(overhead)
  - 가격의 구성 : 재료비, 노무비, 경비, 이윤(profit)
  - 원가계산 방법
  - 감가상각 및 총 소유 비용(TCO : Total Cost of Ownership)

- 경비(고정비)에는 이자, 임대료, 시설비, 보험료 등의 항목이 포함된다.
- 동종업계의 트렌드에는 특별행사, 가격의 변화, 인테리어나 메뉴의 변화추구 등이 포함된다.
- 영업계획 수립에는 다음의 사항이 포함된다.
  - 일일목표관리
  - 매출예산과 비용예산
  - 프로모션을 포함한 특별행사나 이벤트
- 직원의 직무교육훈련에는 다음의 사항이 포함된다.
  - 직무 수행상 필요한 지식과 기술을 연마시키고 가치관과 태도를 발전 지향적으로 개선시키고자 하는 교육
  - 신규 채용자 교육 및 승진 · 배치 전환자를 대상으로 한 적응훈련(Introduction or orientation training) 교육
  - 정기적/비정기적인 사내외 교육

(2) 자료 및 관련 서류

- 재무제표
- 영업계획서, 예산 편성표, 매출 기록표, 구매의뢰서 등의 매출 관련 서류
- 종사원 교육 매뉴얼
- 종사원기록카드
- 직원 스케줄표
- 근무 평가표
- 건의함, 제안지

(3) 장비 및 도구

- 컴퓨터
- 스프레드 시트
- 계산기/부기장부

(4) 재료

- 사무용품

2) 평가지침

(1) 평가방법

- 평가자는 능력단위 식음료 영업장 관리의 수행준거에 제시되어 있는 내용을 평가하기 위해 이론과 실기를 나누어 평가하거나 종합적인 결과물의 평가 등 다양한 평가 방법을 사용할 수 있다.
- 피평가자의 과정평가 및 결과평가 방법

평가방법	평가유형	
	과정평가	결과평가
A. 포트폴리오		
B. 문제해결 시나리오		
C. 서술형 시험		V
D. 논술형 시험		
E. 사례연구		
F. 평가자 질문	V	V
G. 평가자 체크리스트	V	V
H. 피평가자 체크리스트		
I. 일지/저널		
J. 역할연기		
K. 구두발표	V	V
L. 작업장 평가		
M. 기타		

(2) 평가시 고려사항

- 수행준거에 제시되어 있는 내용을 성공적으로 수행할 수 있는지를 평가해야 한다.
- 평가자는 다음 사항을 평가해야 한다.
  - 원가 항목의 이해와 의미에 대한 이해정도
  - 메뉴별, 일별원가의 산출능력
  - 업장관리를 위한 기본적인 개념파악 상태
  - 기본적인 경영개념 파악상태
  - 영업계획의 기본개념 파악정도
  - 교육훈련 및 평가의 숙지여부

3) 직업기초능력

순번	직업기초능력	
	주요영역	하위영역
1	의사소통능력	경청 능력, 기초외국어 능력, 문서이해 능력, 문서작성 능력, 의사표현 능력
2	문제해결능력	문제처리 능력, 사고력
3	대인관계능력	갈등관리 능력, 고객서비스 능력, 리더십 능력, 팀워크 능력, 협상 능력
4	기술능력	기술선택 능력, 기술이해 능력, 기술적용 능력
5	조직이해능력	경영이해 능력, 국제감각, 업무이해 능력, 조직체제이해 능력

4) 개발이력

구 분		내 용
직무명칭(능력단위명)		식음료접객(식음료 영업장 관리)
분류번호	현재	1301020110_14v2
개발연도	현재	2014
버전번호		v2
개발기관	현재	한국서비스산업진흥원
향후 보완 연도(예정)		2019

분 류 번 호	1301010117_16v3
능력단위 명칭	메뉴 개발관리
능력단위 정의	

능력단위요소	수행준거
1301010117_16v3.2 메뉴 개발하기	2.1 고객의 수요예측, 수익성, 이용 가능한 식자재, 조리설비, 메뉴의 다양성, 영양적 요소를 파악할 수 있다. 2.2 고객의 식습관과 선호도에 미치는 경제적, 사회적, 지역적, 그리고 형태적 영향을 파악하고 활용할 수 있다. 2.3 주방에서 보유한 조리기구의 특성을 이해하고, 메뉴의 영양적 요소와 설명을 제시할 수 있다. 2.4 지역적 위치와 고객수준 등을 고려한 입지분석과 계층분석을 할 수 있다. 2.5 식재료 전반에 관한 등 외부적인 환경을 파악하여 메뉴를 개발할 수 있다.
	【지 식】 • 한국요리 조리법 • 한국요리의 특징과 종류 • 한국음식 특성의 메뉴구성 • 칼로리 계산 • 장식(코디네이션) 기법과 개념 • 폐기율, 가식비율의 개념과 계산법 • 메뉴 분석기법 • 계절 식자재 활용 • 식재료 원가 계산법 • 서비스 방식 및 메뉴의 트렌드 【기 술】 • 계절별 메뉴교체 및 개발 능력 • 계절식품 시장조사 능력 • 메뉴조절, 관리 능력 • 인터넷 활용 능력 • 재료 발주, 검수 관리 및 저장 관리 능력 • 재료소요량 계산과 대체 능력 • 재료의 품질, 재료 특성에 맞는 메뉴개발 능력

능력단위요소	수행준거
	• 조리 완성능력 • 시장상황과 흐름에 관한 변화분석 능력 • 메뉴 분석기법 활용 능력 • 수익성과 선호도에 따른 메뉴구성 능력 • 식료 원가 계산 활용 능력 • 벤치마킹 활용 능력 【태 도】 • 관찰 태도 • 메모 하는 태도 • 문제해결 태도 • 식품위생법 준수 • 안전한 용모와 복장 • 의사소통 태도 • 훈련 태도
1301010117_16v3.3 메뉴원가 계산하기	3.1 실제원가를 일 단위, 월 단위로 계산하며, 이에 대한 의사결정을 할 수 있다. 3.2 원가, 식재료, 시설용량, 경제성을 감안하여 메뉴구성을 할 수 있다. 3.3 당일 식료수입과 재료에 대한 현황을 파악하여 실제원가를 알 수 있다. 3.4 당일 매출 보고서를 이해하고 매출에 대한 재료비율을 산출할 수 있다. 3.5 부분별 재료 선입선출에 의한 품목별 단위원가를 산출하여 총원가를 계산할 수 있다.
	【지 식】 • 한국요리 조리법 • 한국요리의 특징과 분류 • 한국음식 특성의 메뉴구성 • 표준구매명세서 • 메뉴 품목별 판매량 집계 • 메뉴 품목별 판매가 • 식재료 매입원가 • 표준분량크기 • 폐기율, 가식비율의 개념과 계산법 • 식재료 원가 계산 • 메뉴 분석기법 • 재무제표

능력단위요소	수행준거
	• 재무상태표 • 손익 분기점 【기 술】 • 계절별 메뉴교체 및 개발 능력 • 계절식품 시장조사 능력 • 메뉴조절, 관리 능력 • 인터넷 활용 능력 • 재료 발주, 검수 관리 및 저장 관리 능력 • 재료소요량 계산과 대체 능력 • 재료의 품질, 재료 특성에 맞는 메뉴개발 능력 • 조리 완성능력 • 실제원가와 표준원가계산 능력 • 재무제표 이해 능력 • 원가보고서 작성능력 • 판매 분석 능력 • 손익분기점계산 능력 • 원가비율 계산 능력 【태 도】 • 관찰 태도 • 메모하는 태도 • 문제해결 태도 • 식품위생법 준수 • 안전한 용모와 복장 • 의사소통 태도 • 훈련 태도

1) 적용범위 및 작업상황

(1) 고려사항

- 한식 메뉴관리 능력단위는 다음 범위가 포함된다.
  - 메뉴를 관리할 수 있는 능력
  - 메뉴를 계획할 수 있는 능력

- 메뉴를 개발할 수 있는 능력
- 메뉴의 가격결정을 할 수 있는 능력
- 식재료의 검수를 할 수 있는 능력
- 식재료의 선입선출을 할 수 있는 능력
- 식재료 재고관리를 할 수 능력
- 식재료 원가계산을 할 수 있는 능력
- 손익분기점을 분석할 수 있는 능력
- 메뉴 분석법을 활용할 수 있는 능력

● 메뉴 관리하기

- 시장상황과 흐름에 관한 변화와 인식의 중요성
- 메뉴 수는 적절하게 구성하여 원가절감을 모색
- 고객층에 따른 음식량, 서비스속도 등 다양한 방법 모색
- 주변상권 및 시장동향 등 발전 가능이 높은 메뉴 선정
- 단기, 장기, 계절메뉴 등 고려하여 연계품목 함께 판매
- 점포 외형은 전문점으로 노출 내부는 연관된 품목과 함께 판매하는 전략
- 불경기 메뉴와 호황기 메뉴 달리하여 시장동향에 맞게 수요자중심으로 교체
- 수요와 공급측면을 고려

● 메뉴 개발하기

- 미식적 측면 : 전체적으로 조화 있게 구성하여 음식의 색상, 재료 질감 등이 다양하게 배합
- 경제적 측면 : 비용을 생각하고, 식당과 고객의 수준에 맞도록 부담이 덜되며 원가에 맞게 구성
- 실제적 측면 : 설비, 인원 등을 고려하고, 신속 정확한 서비스

- 관리자의 측면 : 조직의 목표와 목적, 예산, 식자재 공급 조건, 시설 및 장비, 종사원 기술, 생산형태와 서비스 시스템 등을 고려한다.
- 고객의 측면 : 영양적인 요구, 음식의 습관 및 선호도, 음식의 특성 등을 고려한다.
- 고객의 필요와 욕구를 파악하고, 원가와 수익성을 고려해야 한다.

• 메뉴원가 계산하기
- 직접원가 : 특정 제품의 생산을 위해 직접 투입된 비용(직접 재료비, 직접 노무비, 직접 경비)
- 제조원가 : 직접원가에 제조 간접비를 합한 비용(간접 재료비, 간접 노무비, 간접 경비)
- 총원가 : 제조원가에 판매비 및 일반 관리비를 합친 원가
- 판매가 : 총원가에 이윤을 더한 원가
- 원가비율(%) : 총원가 ÷ 총매출액 × 100
- 가격 결정, 원가관리, 예산편성, 재무제표 작성 등 경영능률을 증진

(2) 자료 및 관련 서류

• 한식 관련 전문서적
• 식품재료 관련 서적
• 조리원리 관련 전문서적
• 식품영양 관련 전문서적
• 식품재료 원가, 구매, 저장 관련 전문서적
• 식품가공 관련 전문서적
• 메뉴관리 관련서적
• 메뉴 엔지니어링 관련서적

- 메뉴 원가 관련서적
- 메뉴 개발 관련 서적

(3) 장비 및 도구

- 컴퓨터, 프린터, 온도계, 계산기, 계량컵, 계량스푼, 계량저울, 조리용 젓가락, 염도계 등
- 조리용 화구와 가열 도구, 냉장고 등
- 주방기물 및 장비
- 소화기, 응급처치 도구
- 조리복, 조리모, 앞치마, 조리안전화, 위생행주, 일회용 위생장갑, 분리수거용 봉투 등
- 위생 관련 약품 : 소독제, 세제, 방충제 등
- 소독, 방충 및 방서 장비와 활동에는 물리적, 화학적 도구 · 장비와 관련 활동을 모두 포함한다.
- 물리적 방법 : 방충망, 방서도구(쥐덫, 접착식 트랩 끈끈이), 자외선 램프, 통로 차단)

(4) 재료

- 채소류, 육류, 가금류, 어패류, 버섯류, 장류, 유지류, 양념류 등

2) 평가지침

(1) 평가방법

- 평가자는 능력단위 한식 메뉴관리의 수행준거에 제시되어 있는 내용을 평가하기 위해 이론과 실기를 나누어 평가하거나 종합적인 결과물의 평가 등 다양한 평가 방법을 사용할 수 있다.
- 피평가자의 과정평가 및 결과평가 방법

평가방법	평가유형	
	과정평가	결과평가
A. 포트폴리오	V	V
B. 문제해결 시나리오		
C. 서술형 시험	V	V
D. 논술형 시험		
E. 사례연구		
F. 평가자 질문	V	V
G. 평가자 체크리스트	V	V
H. 피평가자 체크리스트		
I. 일지/저널		
J. 역할연기		
K. 구두발표		
L. 작업장 평가	V	V
M. 기타		

(2) 평가시 고려사항

- 수행준거에 제시되어 있는 내용을 성공적으로 수행할 수 있는지를

평가해야 한다.

- 평가자는 다음 사항을 평가해야 한다.
  - 메뉴를 관리할 수 있는 능력
  - 메뉴를 계획할 수 있는 능력
  - 메뉴를 개발할 수 있는 능력
  - 메뉴의 가격결정을 할 수 있는 능력
  - 식재료의 검수를 할 수 있는 능력
  - 식재료의 선입선출을 할 수 있는 능력
  - 식재료 재고관리를 할 수 능력
  - 식재료 원가계산을 할 수 있는 능력
  - 손익 분기점을 분석할 수 있는 능력
  - 메뉴 분석법을 활용할 수 있는 능력
  - 컴퓨터 활용 능력

3) 직업기초능력

순번	직업기초능력	
	주요영역	하위영역
1	의사소통능력	경청 능력, 기초외국어 능력, 문서이해 능력, 문서작성 능력, 의사표현 능력
2	문제해결능력	문제처리 능력, 사고력
3	자기개발능력	경력개발 능력, 자기관리 능력, 자아인식 능력
4	정보능력	정보처리 능력, 컴퓨터활용 능력
5	기술능력	기술선택 능력, 기술이해 능력, 기술적용 능력
6	직업윤리	공동체윤리, 근로윤리

4) 개발이력

구 분		내 용
직무명칭(능력단위명)		한식조리(한식 메뉴관리)
분류번호	현재	1301010117_16v3
개발연도	현재	2016
	2차	2015
	최초(1차)	2014
버전번호		v3
개발기관	현재	(사)한국조리기능장협회
	2차	
	최초(1차)	
향후 보완 연도(예정)		

5. 영양사 학습목표

1) 급식 원가관리

2) 학습목적

원가분석, 손익분기점 분석 및 재무제표를 설명하고 재무제표 작성, 손익분기점 분석에 적용할 수 있다.

제1절 급식 원가관리

1. 원가의 개념과 원가구성 3요소를 설명할 수 있다.
2. 원가계산의 목적을 기술할 수 있다.
3. 원가를 특성별로 나누어 설명할 수 있다.
   1) 고정비 2) 변동비 3) 준변동비 4) 직접비 5) 간접비

4. 원가의 구조와 판매가격 결정과정을 설명할 수 있다.
5. 급식소에서 생산되는 음식에 대한 원가를 계산할 수 있다.
   1) 식재료비 2) 인건비 3) 경비
6. 감가상각비의 개념을 설명할 수 있다.
7. 재무제표의 정의 작성목적, 종류를 설명할 수 있다.
8. 재무상태표의 작성 형식을 설명할 수 있다.
9. 손익계산서의 작성 형식을 설명할 수 있다.
10. 손익분기분석의 목표를 설명할 수 있다.
11. 손익분기점을 정의할 수 있다.
12. 손익분기점 매출량과 매출액을 계산할 수 있다.

Chapter

2 수입과 비용관리

1. 이익 : 서비스로부터 얻는 보상(the reward for service)

관리자의 기본 책임은 고객에게 품질 좋은 음식(서비스)을 양쪽에서 동의할 수 있는 가격으로 전달하는 것이다. 여기서 의미하는 품질은 고객이 돈과 교환한 음식(서비스)에 대하여 느끼는 최상의 가치를 뜻한다.

managing costs ↔ guest satisfaction

2. 수입(매출)

매출에 영향을 주는 요소는 레스토랑에 오는 고객수와 평균 객단가의 규모이다. 매출을 올리기 위해서는 고객수를 증가시키든지 고객이 더 많이 돈을 쓰게 하든지 또는 두 가지의 조합방법을 활용해야 한다. 그 외에 좌석수를 증가시키거나 드라이브쓰루(drive-thru) 코너를 신설하거나 운영시간을 연장하거나 점포수를 확장하는 방법을 활용할 수도 있다. 운영측면에서는 서비스종업원의 제안판매, 적절한 할인정책을 통한 창의적인 메뉴가격 책정 등이다.

Revenue − Expense = Profit　　매출액 − 비용 = 이익
Revenue − Desired Profit = Ideal Expense　　매출액 − 목표이익 = 목표비용

3. 비용(지출)

여러 종류의 비용이 원가에 포함된다. 식재료비, 인건비, 자재비, 에너지비, 수도비, 수선유지비, 인쇄비, 전화비 등등 외식업소 운영을 하기 위해 드는 모든 비용이 여기에 포함된다. 운영예산을 짜고, 새로운 기기를 구입하고, 시설을 개선하고 가격을 조정하는 등 여러 재무의사결정을 위해서는 관리자가 실제 운영비용의 내용을 정확히 아는 것이 가장 중요하다.

Food costs (식재료비)
Beverage costs (음료비)
Labor costs (인건비)
Other costs (기타 운영비)

1) 퍼센트 분석

$$\frac{\text{Expsense}}{\text{Revenus}} \times 100 = \text{Expense}\ \%\qquad \frac{\text{비용}}{\text{매출액}} \times 100 = \text{비용}\ \%$$

$$\frac{\text{Profit}}{\text{Revenus}} \times 100 = \text{Profit}\ \%\qquad \frac{\text{이익}}{\text{매출액}} \times 100 = \text{이익}\ \%$$

Revenue (100%)	매출액
− Food and Beverage Cost %	− 식음재료비 %
− Labor Cost %	− 인건비 %
− Other Expense %	− 기타 운영비 %
= Profit %	= 이익 %

2) 손익계산 분석

매출		40,000,000원	100.00%
비용			
식음재료비	15,000,000원	37.50%	
인건비	17,500,000원	43.75%	
운영비	2,500,000원	6.25%	
총비용		35,000,000원	87.50%
수익		5,000,000원	12.50%

3) 예산/결산 분석

예산과 결산 항목별 퍼센트 분석을 하여 비교한다.

예 제

	20XX 예산 (천원)	%	20XX 결산 (천원)	%
매출	24,000,000		20,000,000	
식음재료비	6,000,000			30%
인건비	9,000,000			40%
운영비		10%	1,200,000	
총비용				
수익				

답

답안지 참조

4. 비용의 분류

1) 판매량과 판매비용의 관계에 따른 분류

비용은 크게 판매비용과 판매량의 관계에 따라 고정비용, 변동비용, 준변동비용의 3가지 종류로 분류될 수 있다. 고정비용은 판매량이 늘어나도 그 비용에는 변화가 없는 임대료, 세금, 보험, 광고, 수선유지, 사무비, 감가상각비 등이다. 반면에 변동비용은 식재료비, 1회용 그릇비용과 같이 판매량이 늘어나면서 같이 늘어나는 비용을 포함한다. 반면에, 변동과 고정비용의 성격을 동시에 갖고 있는 비용들도 있다. 인건비의 경우, 고정종업원들에 대한 인건비는 판매량이 늘어도 변화가 없는 고정비의 성격과 함께 판매량이 늘어나면서 고용하게 되는 시간제 종업원들에 대한 비용은 변동비의 성격을 가지고 있다고 볼 수 있다.

2) 관리자의 통제가능 여부에 따른 분류

관리자가 짧은 기간에 변경시킬 수 있는 비용들로 외식업소 운영에 있어서 많은 비용들이 통제가능하다. 예를 들어, 식재료비, 인건비, 자재비, 광고비, 사무비, 우편비, 전화비, 에너지비용 등으로 이러한 통제 가능한 비용(controllable costs)은 다시 판매량과의 관계에 따라 고정, 변동, 반변동비용으로 나눌 수 있다. 식재료비의 경우, 덜 비싼 품목으로 사거나, 1인분 양을 줄이거나, 메뉴의 내용을 대체식품으로 바꾸거나, 남은 음식을 줄이거나, 썩어서 버리는 것을 줄이거나, 없어지는 것을 줄일 수 있도록 통제를 강화하거나, 종업원들의 식재료 다루는(food-handling) 기술이 개선되도록 훈련시킴으로써 통제할 수 있다. 인건비는 스태프 수를 줄이거나, 이직이나 결근율을 줄이거나, 효율적 훈련, 스케줄링, 생산계획으로 통제할 수 있다. 이러한 통제시스템을 통해서 관리자는 이익을 증대시킬 수 있게 된다.

반면, 관리자가 짧은 기간에 변화시킬 수 없는 비용들로 총경비와 감가상각비 같은 비용들은 통제 불가능 비용(non-controllable costs)으로 분류된다. 총경비는 사용비율 또는 면적에 따라 나뉘고, 감가상각비는 그 산출방법에 따라 미리 정해진다.

3) 구성 비율에 따른 분류

외식업소 운영에 있어서 대부분을 차지하는 식재료비, 음료비, 인건비를 주요비용(prime costs)로 분류하며, 이러한 비용은 관리자에 의하여 통제될 수 있는 비용들이다. 그러므로 관리자들은 이 비용들에 대한 기록 관리와 통제를 하는데 역점을 두어야만 할 것이다.

예 제

수입	식사	24,000,000원
	음료	6,000,000원
지출	식음재료비	8,000,000원
	고정종업원인건비	6,000,000원
	홍보비	300,000원
	에너지비	700,000원
	임대비	1,000,000원
	감가상각비	500,000원

(1) 통제 가능한 비용의 총계는?

(2) 고정비의 종류와 총계는?

(3) 주요비용의 총계는?

답

답안지 참조

TEST YOUR SKILL

A.

고정된 지출과 변동이 가능한 지출을 기준으로 다음 지출항목들을 분류하시오.

판매량과 관련된 지출들을 아래 변동비용에 열거하고, 판매량과 바로 연관되어 있지 않은 지출들을 아래 고정비용에 열거하시오.

1. 식재료비
2. 피아노 대여료
3. 얼음구입비
4. 라디오 광고비
5. 임대료
6. 임시직 인건비
7. 수도비
8. 주방기구 대여료
9. 장기대여 이자비
10. 토지 세금

변동비용	고정비용
a.	a.
b.	b.
c.	c.
d.	d.
e.	e.
f.	f.
g.	g.
h.	h.
i.	i.
j.	j.

B.

효과적으로 레스토랑을 경영할 수 있고 성공적으로 비용을 통제할 수 있도록 다음 기준으로 분류하시오.

기타 지출	통제할 수 있는	통제할 수 없는
1. 토지세		
2. 메뉴판 인쇄비		
3. 음악비		
4. 얼음구입비		
5. 자선비		
6. 세탁비		
7. 꽃과 데코레이션		
8. 수도비		
9. 자격증 관리비		
10. 전기비		

답

답안지 참조

5. 급식원가(Foodservice costs)의 산출방법

급식경영자에 따라 원가에 대한 관심은 다르다. 상업성 급식소 경영자에게 있어서 원가를 관리하는 능력은 그 성공을 좌우하게 된다. 오늘날의 급식소 경영의 성공은 기록유지(record keeping)와 통제시스템(control system)에 달려 있어 원가관리에 대한 중요성은 계속 증대될 것이다.

1) 식재료비(Food costs)

식재료비는 통제 가능한 비용이기 때문에 예산과 실제비용을 비교해 보는 것이 가장 중요하다.

(1) 월 식음재료비 계산법

	월초 재고액
+	구입액
	사용가능한 식음재료비
−	월말 재고액
=	그달의 식음재료비

위의 공식을 볼 때, 정확히 월 식음재료비를 계산하기 위해서는 식음재료구입에 대한 정확한 기록이 우선되어져야 하며, 가지고 있는 식음재고에 대한 기록이 월단위로 관리되어야만 한다. 영구재고는 식품에 따라 구입과 출고에 대한 계속적인 기록이며, 실사재고는 정기적으로 가지고 있는 식품들을 실제로 조사하는 기록으로 효율적 통제를 위해서는 두 가지 방법이 병행되는 것이 바람직하다. 식재료비에 대한 정확한 보고를 위해서는 식수보고서, 식품보고서, 식품구입보고서와 같은 기록들이 관

리되어야 한다. 식수보고서는 고객의 종류에 따라 하루단위로 식수를 기록하는 보고서이고, 식품보고서는 메뉴에 따라 준비된 수, 남은 수, 총 배식된 수, 부족한 수, 대체된 메뉴 등을 하루단위로 기록하는 보고서로 구입과 생산에 대한 수요예측을 위한 기초자료가 된다. 식품구입보고서는 월단위로 구입된 내용과 예산과의 비교를 적은 기록이다.

(2) 인건비(Labor costs)

인건비는 준변동비용이며 통제비용이다. 임금과 같이 생산과 직접 연관된 직접 인건비와 면접, 훈련과 같은 인사고과 관리와 연관된 간접 인건비로 분류된다. 인건비 관리를 위해서는 생산성, 평균고정종업원수, 실제인건비, 결근비용, 이직비용 등에 대한 정확한 계산이 필요하다.

(3) 자재비용(Supply costs)

자재비는 1회용 그릇, 사기그릇, 기구, 세제, 사무용품 등의 비용을 포함한다. 이 중에서 1회용 그릇 비용은 변동비용이며, 세제, 사기그릇, 기구비용은 준변동비용이다. 급식소에 따라서는 깨지기 쉬운 용품은 따로 그 기록을 관리하는 경우도 있다. 총 판매액에서의 자재비 비율을 계산하여 관리한다.

(4) 에너지비용(Utility costs)

에너지비용은 가스, 전기, 수도료를 포함한다. 에너지 절약과 연별로 사용량을 비교하여 소비패턴을 분석 관리하는 것이 바람직하다.

(5) 기타비용(Other costs)

기타비용에는 세금, 보험료, 수선비, 임대비, 광고비, 복사비, 전화비, 우편비, 자료처리비 등이 포함된다. 급식소에 따라 이 비용은 달라지나 자체 내에서 필요한 평균비용을 정확히 파악하고 관리하는 것이 바람직하다.

(6) 총경비용(Overhead costs)

- 지급경비 : 여비교통비, 보관료, 접대비, 운임비, 수선비, 통신비는 실제 소비되는 원가 중에서 재료비와 인건비를 제외한 모든 원가요소이며 지급액 또는 지급청구액이 있을 때 원가가 되는 경비이다.
- 월할경비 : 감가상각비, 지급임차료, 조세공과, 특허권사용료, 보험료 등으로 원가계산이 발생한 경비를 월별로 분할해서 계산하는 경비이다.
- 측정경비 : 전력비, 가스비, 수도광열비와 같이 그 달의 소비액을 측정계기에 의해 산정한 경비이다.

(7) 감가상각비용(Depreciation costs)

감가상각이란 고정자산의 소모, 손상에 의한 가치의 감소를 연도에 할당해서 계산하여 그 자산 가격을 감소시켜 나가는 것을 말하며, 이때 감가된 금액을 감가상각비라 한다. 감가상각비는 다음의 방법으로 계산될 수 있다.

- 정액법 : 고정자산의 감가총액을 내용 연수로 균등하게 할당하는 방법이다.

$$\text{매년의 감가상각액} = \frac{\text{기존가격} - \text{잔존가격}}{\text{내용년수}}$$

- 정률법 : 기초가격에서 감가상각비 누계를 차감한 금액에 매년 일정률을 곱하여 산출한 금액을 상각하는 방법으로 연수가 경과함에 따라 상각액이 감소한다.

예 제

기존가격이 1,000,000원, 잔존가격이 10,000원, 내용 연수는 10년인 냉장고의 감가상각액을 정액법으로 계산하시오.

답

답안지 참조

TEST YOUR SKILL

식음료지배인 A는 작년보다 높아진 판매수익에 기뻐하였다. 지난해와 올해의 소비와 이윤을 전체 판매 퍼센트로 나타내시오.

	올해(천원)	%	작년(천원)	%
수입	965,000		875,000	
비용				
식음재료비	367,000		350,000	
인건비	338,000		315,000	
기타	144,000		140,000	
총비용	?		?	
이익	?		?	

올해와 작년을 비교해 볼 때 지출은 어떻게 관리되었는가? 수입은 지출에 어떻게 변화를 주었는가?

답

답안지 참조

Chapter

3 매출예측

매출예측은 특정기간에 정해진 매출기록을 통하여 예측되어진다. 판매액과 판매고객수에 의해 정해지며, 판매액은 경영활동의 지표가 되고, 판매고객수는 운영계획의 지침이 된다. 이러한 판매고객수는 생산레벨, 제공메뉴 종류, 종업원 작업일정, 판매경향 분석을 결정하는데 중요한 정보를 주게 된다.

1) 판매액 분석

운영기간(1년, 6개월, 분기, 월, 주, 일)당 판매액과 서빙 종업원당 판매액, 객단가(Average check) 자료가 분석되어져야 한다.

2) 판매고객수 분석

특정기간(1년, 6개월, 월, 주, 일, 식사 시기)당 판매고객수와 좌석회전, 메뉴인기도 자료가 분석되어져야 한다. 이러한 자료들은 미래의 판매레벨을 예측하고, 판매목표를 설정하며, 적절한 마케팅전략과 판매피크에 따른 인건비와 식재료비의 효율적 관리, 예측된 판매량에 따른 적정한 종업원 작업일정 등을 가능하게 도와준다.

매출예측의 중요 결정요소는 판매액의 기록, 서빙고객수의 기록, 평균 객단가의 기록이다. 다름과 같은 운영시간에 따른 시간대별 기록이 중요하다.

서빙시간	서빙 고객수(Guest served)							
	월	화	수	목	금	토	일	총계
7:00-9:00	121	120	130	100	120	80	50	
9:01-11:00	40	40	40	40	40	40	40	
11:01-13:00	131	130	120	120	150	50	40	
13:01-15:00	11	10	10	10	10	10	10	
15:01-17:00	42	40	40	40	40	40	40	
17:01-19:00	161	170	180	160	200	100	100	
총계								

또한, 시간대별 기록을 토대로 하여 다음과 같이 일 단위 기록을 하는 것이 중요하다.

요일	날짜	판매액	서빙고객수	평균 객 단가
월	3/1	1,000,000	100	10,000

TEST YOUR SKILL

A. 내년을 위해 예상되어지는 판매를 계획하고 있다.

매달 고객의 수를 5% 증가시키고자 할 때, 지난해의 판매와 고객 수를 이용하여 내년을 위한 판매기록을 작성하시오.

올해	현찰판매(천원)	고객수	내년 현찰판매 계획(천원)
1월	45,216	4,800	
2월	48,538	5,120	
3월	50,009	5,006	
4월	45,979	4,960	
5월	49,703	5,140	
6월	48,813	5,300	
7월	55,142	5,621	
8월	59,119	6,002	
9월	55,257	5,780	
10월	50,900	5,341	
11월	54,054	5,460	
12월	50,982	5,482	
합계	613,712	64,012	

답

답안지 참조

B. 지역 체인판매는 지난 기간에 걸쳐 이번 기간까지 8%가 증가한 것을 보여주고 있다.

다섯 구역의 판매활동을 분석함으로써 판매가 증가하였다는 것을 더욱 알 수 있도록 분석하시오.

구역#	판매			
	이번 기간 (천원)	지난 기간 (천원)	변화(천원)	증가 또는 감소(%)
1	5,276	4,885		
2	6,006	5,997		
3	5,640	6,180		
4	7,700	7,850		
5	7,567	4,891		
Total	32,189	29,803	2,386	8%

답

답안지 참조

Chapter

4 식재료비 통제

(1) 메뉴수요예측(Menu item forecasting)

메뉴 아이템	월	화	수	목	금	총계	주평균	메뉴구성
닭고기요리	70	72	61	85	77	365	73	24.3
돼지고기요리	110	108	144	109	102	573	115	38.4
쇠고기요리	100	140	95	121	106	562	112	37.3
총계	280	320	300	315	285	1,500	300	100.0

* 메뉴구성도 : 특정메뉴판매수 ÷ 총메뉴판매수
* 메뉴판매예측 : 기대고객수 × 메뉴구성도

메뉴 아이템	1일기대고객수	메뉴구성도	메뉴판매예측수
닭고기요리	500	24.2	121
돼지고기요리	500	34.5	173
쇠고기요리	500	37.3	186
총계	-	100.0	500

(2) 원가비율의 개념

원가비율의 목적은 정확한 수요예측, 정확한 구매와 생산, 효율적 1인분량 조절, 낭비와 도난 통제에 있다.

표준으로 필요한 요소는 구매명세서(purchase specification), 표준레시피(standard recipe), 표준 1인분 양(portion), 표준생산량(yields: production controls and leftovers)

식재료비 퍼센트(food cost %)는 총 매출액 중에서 식재료비가 차지하는 비율로 가장 중요한 원가비율의 요소로서, 다음의 사항을 숙지해야 한다.

- 재료의 구매단가(AP price of ingredients : quality)
  1인분 양(portion size : quantity)
  메뉴가격(menu price)

- 소비된 식재료비(cost of food consumed)
  판매된 식재료비(cost of food sold)

- Maximum Allowable food cost (MFC) : 운영예산에서 필요
  Actual food cost (AFC) : 손익계산서에서 필요

식재료비 퍼센트가 높아지는(High food cost) 원인은 다음과 같다.

Menu : 메뉴 계획 시 단가 고려
purchasing : 구매 시 양, 품질, 가격 고려
receiving : 검수 시 발주 내용 확인
storage : 저장 시 상해서 없어지지 않도록 고려

paper controls : 기록관리 철저

preparation / processing : 종업원의 기술, 표준레시피 준수

service transfer controls : 배식 시 1인분 양 관리

sales : 판매기록 분석

other : 기타 요소

원가시스템의 모델

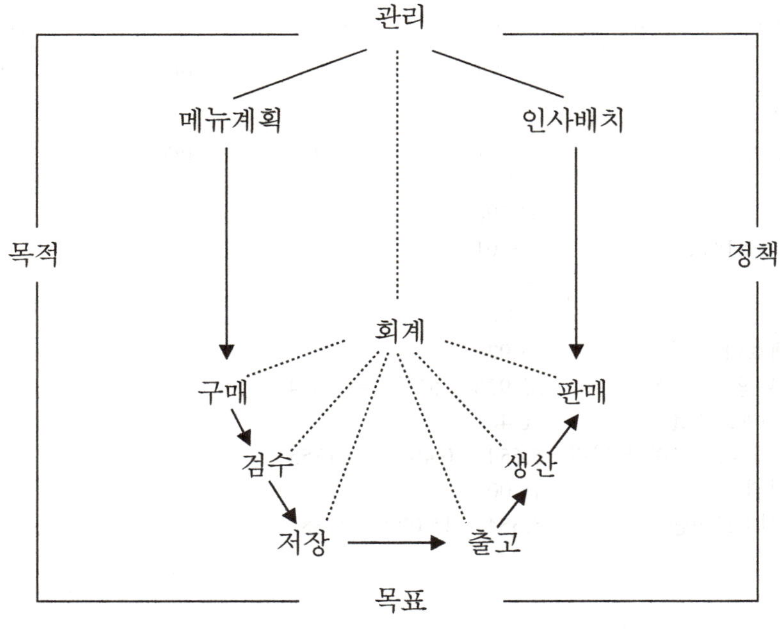

- **음식명** Swiss Steak in Sour Cream

1인분 양 : 500g
생 산 량 : 6인분

식재료	A 폐기율 Waste%	B 가식량 (EP)kg	C 구매량 (AP)kg	E 구매단가 (원/단위)	F 식재료비용 (원)
스테이크	3	3	3.09	10,000/kg	30.900
소금		0.02	0.02	10/g	200
후춧가루		0.01	0.01	10/g	100
고춧가루		0.01	0.01	10/g	100
밀가루		0.05	0.05	50/g	250
다진 양파	10	0.2	0.22	20/g	440
크림		0.1	0.1	100/g	1,000
끓인 물					Q
다진 파슬리		0.01	0.01	100/g	1,000

G. 소계		33,590
H. Q Factor(1%)	×	0.01
		336
I. 총 식재료비		33,926
J. 1인분 비용		33,926 / 6인분 = 5,654
K. 예상 식재료비율		0.40
L. 식재료비율을 고려한 가격		5,654 / 0.40 = 14,1355
M. 실제가격		15,000
N. 실제 식재료비율		5,654 / 15,000 = 0.38

Standard Recipe
(표준레시피)

Unit Name: ______________________

Menu Item(메뉴명): ______________

Special Instructions: ______________

Recipe Yield(생산량): ______________

Recipe Size(1인분 양): ______________

Portion Cost(1인분 비용): ______________

Ingredients(식재료)		Method(조리방법)
Item(항목)	Amount(양)	

Standard Recipe Cost Sheet
(표준레시피를 이용한 비용계산양식)

Unit Name: ______________________

Menu Item: ______________

Special Instructions: __________

Recipe Yield: ______________

Recipe Size: ______________

Portion Cost: ______________

Ingredients(식재료)		Ingredient Cost(식재료비)	
Item(항목)	Amount(양)	Unit Cost(단가)	Total Cost(총비용)

Total Recipe Cost: __________

Total Portion: ______________

Portion Cost: ______________

Dated Costed: ______________

Previous Portion Cost: ________

Previous Dated Costed: ________

Cost of Food Sold
(판매된 식재료비 계산양식)

Unit Name: ______________________________

Accounting Period: to_		
Beginning inventory (월초재고액)	________	
plus		
Purchases(구매액)	________	
Goods available		________
less		
Ending inventory (월말재고액)		________
Cost of food consumed (소비된 식재료비)		________
less		________
Employee meals (종업원 식재료비)		________
Cost of food sold (판매된 식재료비)		________

TEST YOUR SKILL

A. 고객들은 높은 질의 서비스를 요구하고, 특히 다이어트를 중시하고 있어, 점심으로 가볍고 일반적으로 운동 전·후에 바로 먹을 수 있는 높은 단백질의 식사를 원한다.

레스토랑의 메뉴는 다섯 가지의 주된 점심 스페셜로 구성되어 있다. 각각 고기, 칠면조 고기 또는 생선 아이템이 구매되어지고 있다. 그리고 기준화된 방법에 따라 준비되고 서브되는 1인분 양은 200g이다.

하루에 100인분을 위한 각각의 아이템을 얼마만큼 준비해야 하는지 분석하시오.

항목	판매비율 %	폐기 %	구입가격/kg
소고기요리	21%	30%	32,000
돼지고기요리	18	25	17,000
닭요리	15	10	8,900
칠면조요리	30	10	32,000
참치요리	16	5	41,000

답

답안지 참조

B. 병원 구내식당 4월달의 경영에 대한 정보이다. 경영을 위해 판매된 음식의 실제 비용을 계산하시오.

3/30 재고액		22,184,000
4월 구입목록		
고기류	11,501,000	
매일	6,300,000	
과일 & 야채	9,641,000	
기타 음식	32,384,000	
# of employees eating daily 종업원 식수		85
Cost per employee for employee meals 종업원 식수에 대한 비용		2,000
4/30 재고액		23,942,000

답

답안지 참조

C. 카지노 도시에서 레스토랑 부지배인의 많은 일 중 하나는 매일 여섯 가지의 기존음식 비용평가서를 작성하는 것이다. 기간을 고려하여 첫날 10일간의 기록이 작성되는 동안 그 형식이 완성되지 않았다는 것을 알게 되었다. 완성하시오.

Six-Column Form ______________________

Date: 1/1-1/10

	판매		구입		비용 %	
주	오늘		오늘		오늘	
1/1	3,482,000		1,645,000			
1/2	2,971,000		2,006,000			
1/3	2,855,000		1,107,000			
1/4	3,001,000		986,000			
1/5	3,645,000		1,245,000			
1/6	4,850,000		2,006,000			
1/7	6,701,000		-0-			
1/8	3,609,000		1,799,000			
1/9	2,966,000		851.000			
1/10	3,105,000		924,000			

답

답안지 참조

Chapter 5

음료비 통제

1. 음료산업의 특성

음료산업의 특성상 판매 형태를 살펴보면, 음료만 판매, 음료와 음식 판매, 음료와 엔터테인먼트 판매로 분류될 수 있다.

2. 알코올음료의 종류

음식과 연계되어 판매되는 알코올음료의 종류는 크게 맥주(Beer), 와인(Wine), 그 밖의 알코올주(Spirits)로 분류될 수 있다.

3. 알코올음료서비스의 책임성

알코올음료를 과다하게 섭취한 고객에 대한 안전을 책임지고 운영해야 한다.

4. 맥주/와인(병, 잔)/알코올주의 판매예측

버본 용량

1인분 양	판매수	리터값	1인분 값	판매가격	총판매액	음료 %
1온스	33	2,500	750	5,000	165,000	15.0%
1.25온스	26	2,500	950	6,000	156,000	15.8%
1.50온스	22	2,500	1,150	7,000	154,000	16.4%
1.75온스	19	2,500	1,350	9,000	171,000	15.0%

Standard Glassware for Bars

Beverage Consumption Report
(음료사용보고양식)

Unit Name(부서명): ______________________

Event(행사명): ______________ Date(월일): ______________

Beverage Type (음료종류)	Beginning Amount (월초재고량)	Additions (구입량)	Total Available (사용가능한 양)	Ending Amount (월말재고량)	Total Usage (사용량)	Unit Cost (단가)	Total Cost (총비용)
Liquor (양주)							
1.							
2.							
3.							
4.							
5.							
Etc.							
Beer (맥주)							
1.							
2.							
3.							
Wine (와인)							
1.							
2.							
3.							
Other (기타)							
1.							
2.							
3.							
				Total Product Cost(총비용)			

Total Product Cost: ____________ Cost per Guest(객단가): ________

#Guest Served(서빙고객수): ______ ______________________

Remarks(비고사항): ______________________________________

Cost of Beverage Consumed
(소비된 음료비계산양식)

Unit Name(부서명): ______________________________

Accounting Period: to_		
Beginning inventory (월초재고액)	$________	
plus		
Purchases(구입액)	$________	
Goods available		$________
less		
Ending inventory(월말재고액)		$________
Cost of Beverage consumed (소비된음료비)		$________

Liquor Requisition
(주류요청양식)

Unit Name: ____________________

Shift: ____________________ Date: ____________________

Service Area: ____________________

Product	#Empties	Bottle Size	Verified by Management	
			Bar	Management

TEST YOUR SKILL

A. 호텔에서 결혼식을 계획하고 있다. 거대한 무도회장에서 열리는 그 결혼식은 1,000여명의 사람들이 참석할 것이다.

유사한 이벤트의 기록 형식으로부터 오는 사람들의 평균 소비패턴이 아래와 같다는 것을 알게 되었다.

25%select champagne 샴페인 50%select white wine 화이트와인 25%select spirits 스피리트

한 사람당 세 번 마시고 샴페인의 3온스 사이즈, 화이트와인 4온스, 스피리트 1온스를 마신다고 가정할 때 각각 상품의 얼마를 가능하게 만들 수 있을까?

답

답안지 참조

B. 마술쇼를 겸한 레스토랑으로 음식과 마술쇼를 보여주는 특색이 있다. 소비된 음료수의 퍼센트를 계산하시오.

Transfer Record ______________________

장 소: ______________ 날 짜: 1/1/02-1/7/02

날짜	항목	양	생산 가치 To Bar	생산 가치 From Bar	Issued by	Received by
1/2	레몬	40	2,400		T.A	B.P
1/3	커피	12 lbs	25,200		T.A	B.P
	크림	2 qts	1,600		T.A	B.P
1/4	화이트와인	1 gal		5,200	B.P	T.A
	아이스크림	1/2 gal	3,300		T.A	B.P
1/5	파인애플 주스	1 gal	3,000		T.A	B.P
	쉐리	1/2 gal		7,000	B.P	T.A
1/7	올리브	1 gal	8,500		T.A	B.P
Total product value						

답

답안지 참조

C. 유명한 프랑스레스토랑을 경영하고 있다. 와인, 맥주 음식에서 소비된 1월 상품의 비용을 계산하고 싶어한다.

아래 주어진 자료를 통하여 이러한 네 가지 비용의 퍼센트를 계산하시오.

단위: 천원

판매	
음식	175,000
맥주	12,000
와인	45,000
알코올음료	51,000
종업원 식사	3,500
Bar로부터 교환	
맥주	125
와인	1,800
알코올음료	425
Bar에서 교환	96,000

	Beginning Inventory	구매	Ending Inventory
음식	45,800	65,400	41,200
맥주	4,500	2,900	4,400
와인	65,000	15,400	66,900
알코올음료	6,400	11,850	8,050

답

답안지 참조

Chapter

6 생산비용관리

□ 식재료비의 분석

Butcher test

Item : sirloin　　　　　　　　　　　　　　　Date : 20××. 3. 1.
Grade : US choice
AP amount : 8kg
Price per kg : 36,000원

항목	무게	%
구매량(AP)	8kg	100.0%
fat loss(지방제거량)	1.12	14.0
bone loss(뼈제거량)	1.88	23.5
cooking loss(조리손실량)	0	0
carving loss(카빙손실량)	0	0
total loss(총손실량)	3	37.5

Product yield(생산퍼센트) : 62.5%
EP cost per kg(kg당 가식비비용) : 57,600원

Yield test performed by : ____________________

Waste %(폐기율) = Product loss / AP weight
Yield %(생산수율) = 100 − waste % = EP / AP × 100
EP weight / yield % = AP weight(구매량)
EP weight(가식량) = AP weight × Yield %
AP Price / Yield % = EP cost(가식비비용)

Butcher's Yield Test Results
(정육수율테스트결과양식)

Unit Name: ______________________________

Item: ____________________ Date Tested: ______________

Specification: _____________ Item Description: ____________

AP Amount Tested: ________

Price per kg:_______

Loss Detail(손실항목)	Weight Loss(손실량)	% of Original(손실퍼센트)
AP(구매량)		
Fat loss(지방제거량)		
Bone loss(뼈제거량)		
Cooking loss(조리손실량)		
Carving loss(카빙손실량)		
Total product loss(총손실량)		

Net Product Yield: __________ Cost per Servable kg:_____

Yield Test Performed by: ______

TEST YOUR SKILL

A. 기존에 있던 메뉴에 새로운 아이템을 첨가하고 싶어했다. 전체 생산비용 퍼센트가 지출 가능한 돈의 31.5퍼센트를 넘지 않는다면, 지출 가능한 돈은 4,950원이다.

아래에 있는 표준화된 방법 비용 정보를 사용해서 새로운 아이템 메뉴를 첨가할 수 있는지 분석하시오.

메뉴 목록: Dave's Pork Surprise

Special Notes:
Boston butt net
Product yield: 71.5%

Recipe Yield: 24
1인분 사이즈: 200g
1인분 비용:

재료		재료비용	
항목	양	단가 (원/단위)	총 비용
Boston butt	4.8kg	20,000/kg	
준's 스파이스 소스	40g	400/g	
양파	80g	60/g	
물	1/4컵	N/A	
소금	2g	20/g	
후추	1g	60/g	
마늘	1clove	60/clove	
파인애플 주스	1/2컵	2,000/컵	
총 비용			

총 레시피 비용:
1인분 비용:
이전 1인분 비용:

레시피 번호:

B. 상가 안에 테이크아웃 쿠키 가게를 관리한다. 사업은 잘되었고 고객들도 그 상품들을 즐겨하였다.

그녀의 종업원은 대부분 10대이다. 그러나 그들 또한 쿠키를 먹는 것을 좋아하는 것 같아 그들은 어려움을 갖고 있다.

한 주를 기준으로 제고목록을 작성하시오.

현재 생산 비용:

이용 가능한 생산 비용:

Operational Efficiency Ratio:

이용 가능한 생산 비용:

Unit Name: Sabrina's

Date Prepared: Time Period: 1/1 to 1/7

Prepared by:

항목	판매수	1인분 비용	총 비용	메뉴 가격	총판매
Chocolate Chip	85doz	1,320		3,400원/doz	
Macadamia	60doz	1,600		4,100/doz	
Coconut Chip	70doz	830		2,900/doz	
Fudge	141doz	1,420		3,800/doz	
M & M	68doz	1,390		3,400/doz	
소프트드링크	295	200		1,500	
커피	160	900		2,500	
Total					

C. 중형의 Bar-B-Q 레스토랑을 경영하고 있다. 구운 mesquite 고기와 싱싱하고 세련된 샐러드를 접대하는 것을 전문으로 삼는다.

최근에 가장 잘 팔리는 아이템의 가격이 두 배가 되고 있다.

이 문제와 관련된 전체 음식비용의 퍼센티지를 감소하는 여섯 가지 대안들에 대한 목록을 만들어 보시오.

Alternative 대안

1.
2.
3.
4.
5.
6.

답

답안지 참조

Chapter 7 식음료가격책정

1. 메뉴의 종류

- 표준메뉴, 일 메뉴, 회전메뉴

2. 메뉴가격책정 영향요소

- 경쟁업소
- 서빙수준
- 고객유형
- 제품품질
- 1인분 양
- 분위기
- 식사시간
- 위치
- 판매구성 비율

3. 기타 특별 영향요소

- 쿠폰
- value pricing
- bunding
- salad bars and buffets
- bottled wine
- beverages at receptions and parties

예 제

항목	판매수	메뉴비용	총판매비용	판매가격	총판매액	식재료비%
햄버거	200	1,500		3,500		
프렌치프라이	185	400		1,600		
음료	190	200		1,200		
총계						

답

답안지 참조

Chapter

8 인건비 통제

1) 생산성 측정

생산성에 영향을 끼치는 요소들은 다양하기 때문에 다른 급식소와의 비교보다는 급식소 자체 내에서의 생산성 분석으로 표준을 설정해 비교하는 것이 바람직하다.

$$\text{meals per labor hour} = \frac{\text{number of meals produced}}{\text{number of labor hours}}$$

예 한 달에 7,440식을 급식하고 총종업원이 한 달에 1,353시간을 일한다면, 7,440식 / 1,353시간 = 5.5 meals per labor hour로 이 급식소에서는 1작업시간당 5.5식이 급식된다는 것을 의미한다.

$$\text{labor minutes per meal} = \frac{\text{60 minutes per hour}}{\text{meals per labor hour}}$$

예 60분 / 5.5 meals per labor hour = 11로 이 급식소에서는 작업시간 약 11분당 1식이 급식된다는 것을 의미한다.

$$\text{labor minutes per 100 meal} = \frac{\text{number of paid labor hours}}{\text{meals served / 100}}$$

예 1,353시간 / (7,440식 / 100) = 18.2로 이 급식소에서는 100식을 급식하는데 18.2 작업시간이 필요하다는 것을 의미한다.

Foodservice 종류에 따른 평균 생산레벨을 참고로 살펴보면 다음과 같다.

패스트푸드점	9.5 meals per labor hour
고급레스토랑	1.4 meals per labor hour
패밀리레스토랑	4.8 meals per labor hour
카페테리아	5.5 meals per labor hour
요양소	5.0 meals per labor hour
학교급식	13-15 meals per labor hour

2) 평균고정종업원수(Full-time Equivalents; FTEs)

FTEs는 일정기간(1일, 1주, 1달, 1년)에 일하는 한 고정종업원에 근거하여 계산하는 것을 의미하므로 급식소에서 몇 명이 필요한가를 결정할 때나 생산성을 평가할 때 기초자료가 된다. 예를 들어, 54,250식을 급식할 예정이고 3.5meals per labor hour의 생산레벨을 가지고 있다면, 총 필요한 노동시간은 다음과 같다.

labor hours = 54,250식 / 3.5 meals per labor hour
= 15,500 labor hours

FTEs를 계산한다면 다음과 같다.

Number of FTEs = 15,500 labor hours / 173.33 hours
= 89.5 FTEs

3) 실제 인건비

실제 인건비는 임금과 상여금 등의 모든 급여지출을 함께 고려해야만 정확한 관리가 이루어질 수 있다. 총지출에서의 인건비비율, 총 판매액에서의 인건비비율 등은 원가관리를 위해 기초 분석자료로 이용될 수 있다.

4) 결근비용

$$결근율 = \frac{일정기간에서의\ 총결근수}{총FTE \times 일정기간에서의\ 일한\ 날짜} \times 100$$

예 32 결근수 / (26.5 FTE × 22일) × 100 = 5.5%
이 급식소에서는 1달에 32명이 결근하여 5.5%의 결근율을 나타내고 있다.
위의 예를 근거로 이 급식소에서의 결근비용을 계산한다면,
26.5 FTEs × 2,080 hours per year = 55,120 hours per year
55,120 hours × 5.5% = 3,032 absence hours per year
3,032 hours absent / 2,080 hours per FTE = 1.5 FTE
그러므로 1달에 5.5%의 결근율을 커버하기 위하여 1.5FTE를 새로 고용하는 데 드는 비용이 필요하게 된다.

5) 이직비용

$$\text{이직률} = \frac{\text{일정기간에서의 이직수}}{\text{일정기간에서의 평균종업원수}} \times 100$$

예 2 / 80 × 100 = 2.5% turnover

이 급식소에서는 총 80명의 종업원 중 1달에 2명이 이직해서 2.5%의 이직률을 나타내고 있다.

이직과 연관되어 드는 비용을 살펴본다면,

ㄱ. 오리엔테이션 비용: 감독자와 새 종업원을 위한 오리엔테이션 비용

ㄴ. 훈련비용: 감독자, 새 종업원, 기존종업원을 위한 훈련비용

ㄷ. 생산성: 일을 완전히 배울 때까지는 생산성이 낮아져 비용 초래

ㄹ. 모집과 채용비용: 모집공고와 면접 시 드는 비용

ㅁ. 기록관리비용: 이직과 고용 시 기록관리를 위해 드는 비용 초래

일반적으로 10% 이하의 이직률을 유지하는 것이 바람직하다.

Employee Schedule
(작업스케줄)

Unit Name: ______________________

Shift: ______________________ Date: ______________________

Labor Category: ______________ Labor Budget: ______________

Employee Name	Schedule	Hours Scheduled	Rate	Total Cost
Total				

Job Specification
(직무명세서)

Unit Name: ______________________________

Position Title: ____________

Personal Characteristics Required

1. ____
2. ____
3. ____
4. ____
5. ____
6. ____

Special Comments: ______________________________________

____

____

Job Spec Prepared by: ____________

Date Prepared: __________________

Job Description
(직무기술서)

Unit Name: ______________________

Porsition Title: ______________

Primary Tasks

1. ______________________

2. ______________________

3. ______________________

4. ______________________

5. ______________________

6. ______________________

7. ______________________

8. ______________________

9. ______________________

10. ______________________

11. ______________________

12. ______________________

Special Comments: ______________________

Salary Range: ______________ Peport to: ______________

Labor Budget
(인건비예산양식)

Unit Name: ____________________

Time Period	Sales Forecast	Labor Cost Standard	Larbor Expense Budget
Week 1			
Week 2			
Week 3			
Week 4			
Total			

Staffing Table for Servers

Hours of Operation	Anticipated Sales Volume in Covers	Staff Required
10 a.m. to 11 a.m.	–	2
11 a.m. to Noon	40	2
Noon to 1 p.m.	100	5
1 p.m. to 2 p.m.	100	5
2 p.m. to 3 p.m.	60	3
3 p.m. to 4 p.m.	10	1
4 p.m. to 5 p.m.	10	1
5 p.m. to 6 p.m.	50	3
6 p.m. to 7 p.m.	90	5
7 p.m. to 8 p.m.	100	5
8 p.m. to 9 p.m.	95	5
9 p.m. to 10 p.m.	75	4
10 p.m. to 11 p.m.	50	3
11 p.m. to 12 p.m.	–	2

Sample Schedule Worksheet: Hourly Schedule for Servers

Day: Friday　　　　Date: September 2, 2×××

	AM							PM						
Servers	10-11	11-12	12-1	1-2	2-3	3-4	4-5	5-6	6-7	7-8	8-9	9-10	10-11	11-12
A	→	→	→	→	→	→	→	→						
B	→	→	→	→										
C			→	→	→			→	→	→	→	→		
D			→	→	→				→	→	→	→	→	
E			→	→					→	→	→	→	→	→
F									→	→	→	→	→	→
G								→	→	→	→			

Sample Schedule for Servers

Server	Mon.	Tues.	Wed.	Thurs.	Fri.	Sat.	Sun.
A	Off	Off	10-6	10-6	10-6	10-6	10-6
B	Off	10-6	10-2	10-2	10-2	10-2	10-2
C	Off	Off	12-3 5-10	12-3 5-10	12-3 5-10	12-3 5-10	12-3 5-10
D	12-3 6-11	Off	Off	12-3 6-11	12-3 6-11	12-3 6-11	12-3 6-11
E	10-2 5-9	10-2 5-9	Off	Off	12-2 6-12	12-2 6-12	12-2 6-12
F	10-6	6-12	Off	Off	6-12	6-12	6-12
G	Off	5-9	5-12	5-12	5-9	5-9	Off
H						6-10	

Evaluation of Employee Efficiency(작업스케줄 효율성 평가)

NOON MEAL 11:00 A.M.-2:00 P.M.							
Date	5/1	5/2	5/3	5/4	5/5	5/6	5/7
No. of Covers Served	275	450	400	350	400	425	500
Servers Scheduled	7	7	7	7	7	7	7
Efficiency of Performance	Poor-Only 5 Servers Needed	Excellent	Very Good	Poor-Only 6 Servers Needed	Very Good	Excellent	Poor-8 Servers Needed
Warewashers Scheduled	3	3	3	3	3	3	3
Efficiency of Performance	Poor-Only 2 Needed	Excellent	Good-Some Ineffi-ciency	Poor-Only 2 Needed	Good-Some Ineffi-ciency	Excellent	Poor-Overtime Required
Preparation Personnel Scheduled	4	4	4	4	4	4	4
Efficiency of Performance	Poor-Only 3 Needed	Excellent	Good-1 Less Needed	Not Good-1 Less Needed	Good	Excellent	Excellent

Sample Schedule for Fixed Cost Employees

Employee	Mon.	Tues.	Wed.	Thurs.	Fri.	Sat.	Sun.
Purchasing Steward	9-5	9-5	9-5	9-5	9-5	9-5	Off
Storeroom Clerk	Off	8-4	8-4	8-4	8-4	8-4	8-4
Receiving Clerk	7-3	7-3	7-3	7-3	7-3	7-3	Off
Porter	Off	12-8	12-8	12-8	12-8	12-8	12-8
Vegetable Prep.	Off	8-4	8-4	8-4	8-4	8-4	8-4
Cashier 1	Off	5-12	10-5	10-5	10-5	10-5	10-5
Cashier 2	5-12	Off	5-12	5-12	5-12	5-12	5-12

TEST YOUR SKILL

A. Bar-B-Q레스토랑을 경영한다.

소고기 가슴고기와 검은 딸기 칵테일이 전문이다. 아래 결과는 지난달의 경영을 통해 작성된 것이다.

서빙시간당 5,000원과 작업시간당 7,000원의 급료를 1일 8시간 기준으로 받는다.

각각 아래 항목에 대한 노동시간 기준에서 1일 인건비를 계산하시오.

a. Meat production 고기생산
b. Bakery production 빵생산
c. Salad production 샐러드생산
d. Service 서비스
e. Sanitation 위생
f. Management 경영, 관리

고기생산	25%
빵생산	15%
샐러드생산	10%
서비스	20%
위생	20%
관리, 경영	10%

B. High-volume, Fine-dining레스토랑을 경영한다.
노동생산성 비율은 시간 근로당 접대된 손님이다.
서빙하는 사람들과 bus persons에 관한 그의 기준은 아래와 같다.

1. Waitperson = 10 guests per labor hour
2. Busperson = 25 guests per labor hour

Operating Results For Bessie's Bessie의 경영 결과

10월

판매주	# of Guests	근로시간
1	7,000	1,500
2	7,800	1,560
3	7,500	1,555
4	8,000	1,725
Total	30,300	6,340

Volume/Staffing Forecast for Saturday

The Baroness

시간	# 고객 예상수	Waitperson Hours Needs	Busperson Hours Needs
5:30- 6:00	170		
6:00- 6:30	190		
6:30- 7:00	250		
7:00- 7:30	340		
7:30- 8:00	260		
8:00- 8:30	285		
8:30- 9:00	205		
9:00- 9:30	180		
9:30-10:00	160		
10:00-10:30	90		
10:30-11:00	85		
11:00-11:30	60		
Total	2,275		

C. 일주일간의 근로예산을 정하였다.
지난 달 경영결과와 예산안 계산은 아래에 나타나 있다.
판매수익과 근로비용 두 가지를 통해 예산안을 계산하시오.

Operating Results (단위: 천원)

Steve's Airport Deli For week 1-5

	판매			노동 비용			노동 비용 %	
주	예산	Actual	%of Budget	예산	Actual	%of Budget	예산	Actual
1	2,500	2,250		875	900			
2	1,700	1,610		595	630			
3	4,080	3,650		1,224	1,300			
4	3,100	2,800		1,085	1,100			
5	2,600	2,400		910	980			
Total								

답

답안지 참조

Chapter

9 운영비 통제

1. 개선업무의 목적

현재 대부분의 관광, 서비스산업 역시 상승하는 원가와 상품 판매가격의 인상 통제로 기업 간 무한 경쟁과 함께 기업으로서의 적정이익의 확보에 많은 어려움을 겪고 있다. 개선업무란 조직의 구성원인 종업원이 생산하는 상품의 판매원과 구조 및 기업이윤 등 운영상의 모든 상황을 부단히 그리고 조직적으로 개선하는 것을 기본적으로 삼은 경영의 과정이라고 정의될 수 있다. 어떠한 관리체제도 그 체제상의 필수적인 구성요소로서 확고한 개선 절차를 보유하지 않고 있다면 완전한 체제로 볼 수 없다.

원가의 개선은 최고 경영자의 일방적인 명령이나 압력만으로 실현될 정도로 수행이 용이한 문제가 아니다. 개선은 고도의 전략적인 기획과 경영의 조직적인 지혜의 동원을 필요로 하는 중대한 문제인 것이다. 어떤 점에서는 이와 같은 개선 절차는 모든 관리과정 중에서 가장 중요한 절차이다.

2. 개선의 절차

1) 개선제도의 발달

개선업무의 중요성에 관한 경영자의 인식이 점차 증대되고 있으며, 이와 관련하여 경영자의 업무임에 대한 인식 역시 증대되고 있음은 개선이 곧 경영의 과정업무 중 가장 중요한 업무의 한 단계이기 때문이다. 이것은 경영의 목표설정, 기획, 조직, 조정 및 관리에 관한 운영의 책임수반을 의미하는 중요한 것이다. 개선에 대한 경영층의 책임은 보다 체계적이고 개발된 지식임을 요구하는 것이면서도 실제 외식사업계로부터 창출된 것은 우리의 현실상으론 아직 없는 상태이다. 그러나 구미에 있어서는 사회심리학자와 산업심리학자, 대학 내 산학 연구 단체와 기업 내부의 경영자 상호간에 산학협동을 통한 그의 개선업무 개발활동이 부단히 추진된 결과로 상당한 실적을 이룩해오고 있다.

2) 개선에의 참여방법

개선방법을 모색하는데 일반 종업원을 참여시키는 것이 바람직하다는 점이 연구와 실제의 활용을 통해 밝혀졌다. 전 종업원들이 보다 나은 작업 수행방법을 모색하는데 참여할 기회를 허용하여야 하는 몇 가지 이유가 있다.

① 각기의 종업원은 그가 하고 있는 업무에 대해 사회 내의 다른 누구보다도 잘 알고 있다.

② 그는 다른 누구보다도 그의 업무에 많은 시간을 소비한다.

③ 그 업무를 수행하는 보다 좋은 방법이 있다면 참여의 기회가 주어질 때 그는 그에 대한 훌륭한 아이디어를 창출해 낼 수 있다.

④ 그는 그의 능력의 최대 공헌으로 개선에 참여할 권리를 소유한 당사자이다.

⑤ 일반적으로 한 조직의 개선과정에 대한 참여가 활성화될 때 비로소 개개인은 능력에 대한 충분한 신뢰와 함께 자신의 잠재적 능력을 최대한으로 발휘하여 개선을 실제화시킬 수 있게 된다.

3) 변화에 대한 저항

개선은 좋은 상태로의 변화를 의미한다. 그러나 이러한 변화에는 종종 저항이 따른다. 그리고 그 저항의 결과는 사외의 내적 인간관계 및 업무추진에 갖가지 혼란을 야기할 수가 있다. 급격한 변화에 대한 저항(Resistance to change) 및 반작용으로 조직성과에 큰 영향을 미치기 때문이다.

그러나 구성원의 대다수가 변화시키고자 하는 조직의 목적을 이해할 수 있게 되고 아울러 그 변화의 방법 결정에 참여하게 될 경우에는 저항보다는 개선이 달성되기를 강력히 바라는 협력자가 된다는 점이다.

이러한 인간 심리적 작용을 잘 표현한 것 중에 "사람들이란 자기 힘으로 창조한 것을 지지한다(People support what they help create)."는 말이 인용됨에는 충분한 이유가 있다고 본다.

4) 개선에의 참여효과

각기의 종업원이나 단위의 부서 또는 기업 전체가 협조적인 경영의 여건 하에서 개선에 참여가 이룩된다면 조직과 개인에게 다음의 이점이 실현된다.

① 보다 많은 효율적인 개선이 착상되고 개발된다.
② 착상의 개선안이 실행에 옮겨졌을 때 그의 성공확률이 크게 증대된다.
③ 개개인은 그날의 일상적인 책임분량 업무의 피동적 수행으로부터 진정한 소속감, 가치의식에 입각한 능동적 업무수행자로 변화한다.
④ 조직이 보다 건강하고, 보다 행복하고, 보다 생동하는 적극적 상태로 전환되어 이윤이 제고된다.

3. 개선의 통제

개선의 과정은 조직의 구성원에 의하여 구성원들과 함께 구성원인 사람을 위하여 설정되고 유지되어야 한다. 체제가 설정되고 유지되는 방법은 그의 효용과 효과를 결정한다. 식음료 원가에 대한 책임자들은 개선의 기획 및 과정의 절차결정에 참여해야 한다. 보다 실제적이고 유효한 개선의 기획과 관리과정이 개발되고 실행될 수 있기 때문이다.

더욱이 원가 책임자들은 자기들 스스로가 결정한 표준을 충실히 수행하여야 한다고 스스로 느낄 것이고, 소기의 목표를 성취함에 있어서 기획된 관리의 구조를 보다 효과적으로 이용하게 된다. 효과적인 관리체제는 식음료 원가와 관련된 모든 경영활동에 대한 부단한 개선절차를 포함한다. 그러나 개선방법의 모색은 각기의 원가 책임자와 협의된 협력적 방법으로 시도되어서는 안 된다.

즉, 식음료 원가개선의 효율적인 운영에 있어서 고려하여야 할 점은 기술적 문제 못지않게 조직과 인간관계를 잘 다루어야 된다는 점이다. 이러한 특성을 감안하여 문제에 해결책을 모색하고 업무를 수행하는 보다 나은 방법을 발견하는데 도움이 되는 기술이 필요하다.

4. 개선방법 및 기술

1) 개선의 방법

개선의 목표를 설정하고 자료를 모집하고 자료를 분석하고 해결방안의 결론에 도달하는 제반 단계적 업무를 효율적으로 수행하기 위하여 일반적으로 다음 사항이 고려되어야 한다.

① 문제점은 체계적이고 효과적인 방법으로 접근되고 분석되어야 한다.
② 설정된 과정은 창조적 원칙이 무시될 정도로 기형적인 것이어서는 안 된다.
③ 목표가 설정되고 수행절차가 제도화되고 그 결과가 평가되는 일련의 업무는 시간적인 절차에 의하여 실행되어야 한다.

2) 개선단계의 도해

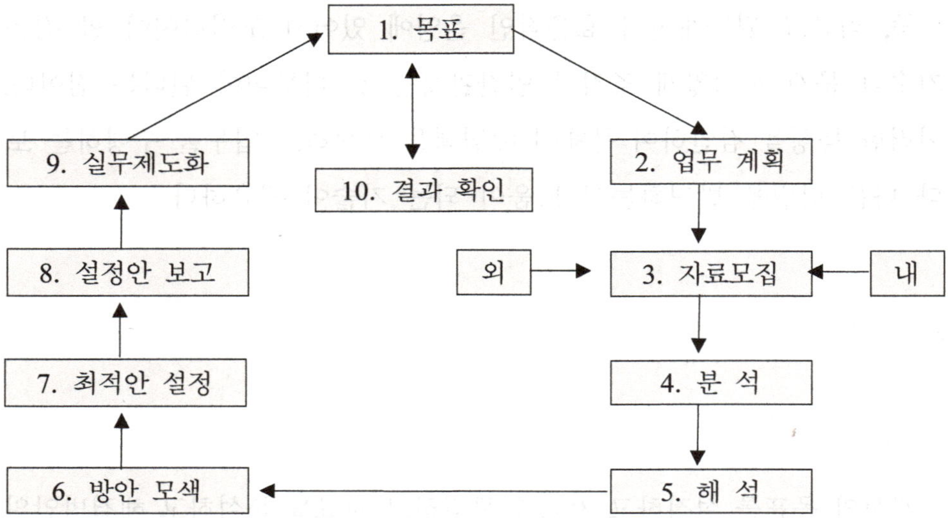

3) 개선의 단계업무

(1) 단계 1 : 목표의 설정

문제해결의 첫 단계인 개선의 방법을 발견하기 위한,

① 문제점에 관한 완전하고 정확한 정의와 설명을 요하며,

② 관련의 제반 목표에 대한 기술 내용을 공식화하는 것이다.

첫 단계에 신중을 기함으로서 추후에 빚어지는 잘못된 출발과 진행상의 불필요한 작업을 예방하기 위하여, 개선에 참여한 개개의 구성원의 의견이 일치된 목표에 관하여 정확히 기술하여야 한다.

(2) 단계 2 : 접근방법의 계획 작성

문제점에 관한 충분한 조사활동을 커버하기 위한 분야별의 계략적 계획을 작성하여 접근방법에 대한 총괄적 평가와 연구와 연관된 제반요소를 종합할 수 있게 된다.

(3) 단계 3 : 자료의 모집

자료의 내용을 대별하면 통계적인 것과 관찰적인 것이 있다. 완전하고 편견이 없는 신빙성 있는 정보를 모집하기 위해서는 자료의 선별에 최대의 주의가 기울어져야 하며, 그의 발굴은 대내 자료와 대외 자료로 출처별 분류가 필요하다.

① 외부적 자료 : 성공적인 동종기업, 공급거래자, 연구단체, 대학, 정부자료, 각종 출판물 등 직접 및 간접 정보처

② 내부적 자료 : 참여하는 모든 구성원, 기업이 개발한 경험적 또는 지식적인 통계자료, 실적기록 등

(4) 단계 4 : 자료의 분류 및 분석

자료를 적절히 분류 분석하여 개선에 참여하고 있는 각기의 구성원이 정보를 정확히 해석하고, 가능성이 있는 경영의 분야별 요소를 분명히 노출시키는데 시간을 절약케 하고 또한 보다 타당성 있는 평가를 내릴 수 있게 하는 단계이다.

(5) 단계 5 : 자료의 해역

여기서 해역이라는 말은 분류된 자료를 계열별로 정리 종합하여 의미 있는 용어로 기술하고 연구의 목적에 맞도록 설명한다는 뜻이다. 집단의 판단이 특별한 가치를 갖게 되는 것은 바로 이 단계에서이다. 즉 모집 분류된 자료는 집단에 의해서 보다 잘 해역될 수 있을 뿐 아니라 창조력 있는 여러 사람의 경험으로부터 창출된 지혜와 착상들은 실제적 해결방안 수립이나 개선의 길로 나아가는데 귀중한 도움이 되기 때문이다.

(6) 단계 6 : 가능한 해결방안의 모색

이 단계는 전적으로 가능한 해결방안을 개발하는 데 바쳐진다. 이 단계에서는 각기의 잠재의식이 발동하도록 도와줄 필요가 있다. 이 단계에서는 제안된 해결안의 장단점을 평가하려는 시도를 해서는 안 된다. 이 단계의 목적은 문제의 해결방안 또는 개선방법에 관련된 많은 착상을 가능한 많이 기록하기 위한 단계이기 때문이다.

(7) 단계 7 : 최적의 해결방안 설정

최적의 해결방안 설정은 다양한 조건과 경영현황, 방침 그리고 시기와 시간의 개념 위에서 이루어져야 한다. 평가와 결정은 폭넓은 구성원의 다수적 사고를 종합하여 이루어질 때 비로소 계층별 구성원의 상호간의 종합적 참여효과가 발생한다.

(8) 단계 8 : 제안된 해결방안 또는 개선방법에 관한 보고

이 단계의 처리는 각기의 책임자의 이해를 도울 수 있도록 명확히 기록되어야 하며 그 기록의 목적은 다음과 같다.

첫째, 이 기록은 오해를 피하고 상호의 이해증진에 도움이 된다.

둘째, 이 기록은 현재의 이용과 미래의 이용에 참고자료가 된다.

셋째, 건의사항들은 그의 실시여부에 관하여 최종결정을 내리는 개개인들이 그들의 결정에 대한 건전한 근거를 갖도록 제반사항 및 수자들을 첨부하여 문서화함으로써 유실을 방지한다.

(9) 단계 9 : 제안된 개선안의 제도화

제반사항이 개선의 성공을 향해 가장 성숙해 있을 때 실무적으로 제도화할 수 있도록 만반의 준비를 갖추어야 할 것이다. 가능하다면 모든 경우에 개선을 실시하는 최적기에 관하여 이와 관련된 구성원들의 충고와 동의를 구하는 것이 저항의 제거를 위하여 필요하다.

(10) 단계 10 : 확인 및 평가

일단 개선의 목표를 설정하고 그의 실행절차를 제도화하면 일정기간을 두고 그의 결과를 평가할 필요가 있다. 개선의 성패사항들이 평가를 통하여 규명됨으로써 장래의 계획에 자료로 사용된다. 이러한 평가의 작업은 몇 가지 방법으로 수행할 수 있지만 보다 철저한 평가를 보장하기 위해서는 이를 공식화하여야 할 것이다. 이런 이유로 다수의 기업은 중요사항에 관한 점검 목록을 작성 · 사용하며 경우에 따라서는 개선의 진전상태를 조사 · 평가하기 위한 관계자의 회의와 정기적인 보고제도를 활용하기도 한다.

이상의 10단계 업무는 개선을 위하여 수행하는 일련의 업무로서,

① 개선문제에 대한 해결 방안을 발견하고,
② 작업방법을 개선하고,
③ 개선은 위한 변화를 제도화하고,
④ 변화를 통한 개선의 추진사항을 확인 평가하기 위한 하나의 체계적인 방안을 제시하고 있다.

제시된 원칙 및 접근방법이 중요한 문제만을 거론하고 있으므로 보다 구체적인 요인은 실무자가 보완하여야 되겠지만, 일단은 유효한 방법을 창출하여 식음료 원가관리의 제도적 경영개선에 큰 효과를 가져올 것임에는 틀림없다.

5. 조직과 직무개선의 대상 업무

1) 식음자재의 조달

(1) 구매업무(Purchasing)

① 식음자재 또는 표준구매명세서의 내역을 연구
② 최상의 자재구입을 위한 시장을 개발 개척
③ 다량구매 자재에 관한 계약협정 개선을 강구
④ 구매사원에 대한 교육훈련을 강화 개선
⑤ 동업사의 구매가격을 조사 비교
⑥ 공개경쟁입찰 등의 구매방법 개선에 유의

(2) 검수업무(Receiving)

① 검수사원에 대한 교육훈련을 개선 강화
② 효율분석에 의한 검수방법 및 절차를 개선
③ 검수에 사용되는 기구를 개선
④ 검수장의 설비 및 설계를 개선
⑤ 검수요원에 대한 업무실적을 정기적으로 평가

(3) 창고저장(Storing)

① 창고 담당자에 관한 교육훈련을 개선 강화
② 가치분석에 입각한 저장방법 및 절차개선에 착수
③ 창고의 시설 및 장비를 개선
④ 식음자재에 대한 적정재고 수준을 확보토록 노력
⑤ 창고 내의 서류기록업무를 최소화하도록 개선
⑥ 부패, 도난방지책을 강화
⑦ 저장자재에 대한 내부관리 방법을 개선

(4) 출고업무(Issuing)

① 출고방법 및 절차를 개선
② 출고의뢰서의 발행회수를 감소토록 노력
③ 자재출고를 보조하는 설비 및 기구를 설치
④ 출고로부터 사용에 이르는 내부유통을 명확히
⑤ 장지사장 자재에 대한 강제출고를 실시
⑥ 출고시간대를 설정하고 유형별 출고를 제도화
⑦ 서류업무를 단순화

2) 조리의 생산관리

(1) 조리준비(기초조리)(Pre-preparation)

① 조리의 조리준비방법을 개선

② 조리기구 및 장비를 교체 개선

③ 식자재의 산출량 제고에 노력

④ 조리사의 교육을 강화 개선

(2) 조리(Preparation)

① 조리의 제도적 개선을 강구

② 상품(조리)의 구성내용을 개선

③ 새로운 조리기구 및 장비를 발굴

④ 조리용의 계측기구를 활용

⑤ 조리지시서를 활용

⑥ 조리사 교육을 강화하여 기술을 배양

(3) 분량규격화(Portioning)

① 분량의 분배작업을 명시

② 규격분량의 표준을 개선

③ 산출비율을 측정, 비교 분석

④ 작업장의 환경을 개선하고 위생에 유념

⑤ 계량단위를 통일하고 계량기구를 완비

3) 판매 및 관리

(1) 수주와 서비스(Service)

① 대고객 서브(serve)의 방법을 개선하여 반품 제거
② 운반중의 안전사고를 방지토록 교육
③ 반송품을 활용하는 절차 강구
④ 서비스 직원의 교육 강화
⑤ 요리의 청구서를 철저히 관리

(2) 요금의 수납(Accounting and Sales)

① 매상관리를 위한 절차를 연구 개선
② 매상기록 및 검사업무 간소화
③ 회계절차 계량
④ 레지스터 등 기계 개선
⑤ 수납원에 대한 교육 강화
⑥ 매출액 점검 제도화

(3) 식자재 원가통제(F&B Cost Control)

① 실제의 식자재 원가산정 및 보고의 절차 개선
② 표준의 식자재 원가산정 및 보고의 절차 개선
③ 조리생산 계획의 절차 개선
④ 조리판매의 분석 및 보고 절차 개선
⑤ 특별관리를 위한 제반업무 개선
⑥ 신속한 자료의 개발과 보고로써 일선업무 보좌
⑦ 회사가 정한 각종의 표준 업무에 관한 상태 점검

TEST YOUR SKILL

시내의 매우 유명한 컨벤션 호텔에서 휴게실-매점을 운영한다. 그 호텔은 평균적으로 대략 80퍼센트의 점유율로 운영된다.

예약해 놓은 지난 네 밴드의 판매계산과 비용을 기록해 두고 있다.

밴드지출과 손님을 접대한 것에 대한 비용을 계산하라. 밴드의 효과적인 비용을 고려하여 예약을 위해 어떤 밴드를 선택해야 할까?

(단위: 천원)

날 짜	Band	Band Expense	Lounge Sales	지출 %	# of Guest Served	Cost per Guest Served
1/1	Tiny and the Boys	1,400	11,400		1,425	
2/1	Shakin's Bill and the Billfolds	1,900	12,250		1,980	
3/1	La Noise	2,000	12,000		2,005	
4/1	The Hoppers	2,000	10,250		2,100	

답

답안지 참조

Chapter 10 손익분기

기업의 경영 목표는 적정이익을 창출하는 것이다. 이익은 판매량과 비용의 차이로 결정된다. 즉 일정기간동안의 판매수익에서 총비용을 빼고 남은 것이 이익이다. 또한 총비용에서 판매수익을 뺀 값은 손실이다. 따라서 총비용과 판매수익이 일치하는 시점에서는 이익도 손실도 발생하지 않게 되는데, 이러한 점을 손익분기점(Break-even point)이라 한다. 손익분기점은 1910년 미국의 Knöppel이 창안한 것으로 지금까지 경영관리의 중요한 도구로 사용되고 있다.

넓은 의미의 손익분기점은 일정기간의 매출을 일정하게 책정할 경우 손익은 어떻게 되며 일정이익을 올리기 위해서는 총비용과 총수익을 얼마로 실현시켜야 할 것인가를 나타낸다. 손익분석은 손익·비용의 동태적 상호관계를 분석하는 것이다.

외식산업에도 이러한 경영분석방법이 도입되게 되었는데, 이는 외식산업의 규모가 커지고 복잡해지며 고정비는 증대되는 반면, 시장에서의 경쟁이 심화되어 매출액, 비용, 수익의 관계를 과학적으로 파악해 적정이익을 실현시킬 수 있는 관리 목표를 수립하고 경영활동을 수행하는 것이 필요하게 되었다.

손익분기점(Break-even point; BEP) 분석에서는 손익분기가 되기 위해 판매해야 하는 매출량(음식의 개수 또는 식수)과 매출액의 두 가지를 계산하게 된다. 계산에 의한 분석방법과 그래프에 의한 분석방법이 있다.

1. 손익매출량 분석

손익분기점의 기본 정의에 따라 손익분기점에서는 판매액과 총비용이 일치하게 된다. 그런데 총비용은 고정비와 변동비를 합한 값으로서 판매액(sales; S)에서 변동비(variable costs; VC)를 뺀 값인 총 공헌마진(total contributions; TContrib)이 고정비(fixed costs; FC)와 같아질 때 손익분기점에 도달하게 된다.

가격 × 매출량 = (변동비 × 매출량) + 고정비

P × Q = (VC × Q) + FC

Q (P − VC) = FC

$$\text{손익매출량}Q = \frac{\text{고정비}(FC)}{\text{가격}(P) - \text{변동비}(VC)}$$

2. 손익매출액 분석

손익분기점의 매출액은 고정비를 공헌마진비율(Contrib%)로 나누어 계산하며 다음과 같은 식으로 산출할 수 있다.

공헌마진비율(Contrib%) = 1 - 변동비율(VC%)

$$손익분기점(BEP)의\ 매출액 = \frac{고정비(FC)}{공헌마진비율(Contrib\%)}$$

3. 손익분기점 분석사례

이상과 같은 손익분기 분석을 통한 가격 책정(Break-even pricing)은 급식소에서도 매우 유용하다. 가격을 결정하고 가격이 비용을 능가하는 수준의 판매량을 검토하게 되는데, 이것은 우리가 생각한 것에 대한 예상 판매량이 현실성 있는 것인지를 평가할 수 있게 하므로 아주 유용한 정보라 할 수 있다. 대부분의 급식소에서 손익분석은 비용에 근거한 마케팅 의사결정에 도움을 주고 있다.

4. 신규 개점 급식소의 손익분기점 분석

새로 개점하는 급식소의 손익분기점을 분석하여 보기로 하자. 이 급식소의 경우 정규직원, 감가상각비, 각종 경비를 포함하는 고정비가 월간 10,000,000원이고, 객단가가 3,000원, 식단가 비율이 55%, 기타 변동비 비율이 25%라 하자. 이 급식소의 손익분기점의 판매단위와 판매금액을 구하여 보자. 이를 통해 급식관리자들은 객단가가 합리적으로 책정되었는지 또한 손익분기점을 상회하는 수준의 매출액 달성 목표는 얼마로 해야 하는지에 대한 정보를 구할 수 있을 것이다.

예 제

먼저 공헌마진을 계산하면,

$$\text{공헌마진(Contrib)} = \text{객단가} - \text{단위당 변동비} = 3{,}000 - (0.8 \times 3{,}000) = 600$$

다음으로 손익분기점에 다다르는 판매식수를 계산하면,

$$\text{손익분기점}(BEP)\text{매출량} = \frac{\text{고정비}(FC)}{\text{공헌마진}(Contrib)} = \frac{10{,}000{,}000}{600} = 16{,}667\text{식}$$

다음으로 손익분기점의 매출액을 계산하기 위해 공헌마진비율을 계산하면,

$$\text{공헌마진비율(Contrib\%)} = 1 - 0.8 = 0.2$$

$$\text{손익분기점}(BEP)\text{매출액} = \frac{\text{총고정비}(TFC)}{\text{공헌마진비율}(Contrib\%)} = \frac{10{,}000{,}000}{0.2} = 50{,}000{,}000$$

즉 손익분기점에 다다르기 위해서는 다시 말하면, 총고정비를 충당해내기 위해서는 16,667식의 매출량과 50,000,000원의 매출액을 달성하여야 하는 것이다.

5. 복합메뉴 판매 시 메뉴별 손익분기 판매량 분석

	가격	식재료비	판매비율
A	1,000	600	50%
B	2,000	1,000	30%
C	3,000	1,300	20%

(1단계) 각 메뉴별 공헌이익률을 구함

A (1,000 − 600) / 1,000 = 0.4

B (2,000 − 1,000) / 2,000 = 0.5

C (3,000 − 1,300) / 3,000 = 0.6

(2단계) 가중 공헌이익률을 구함

A 0.4 × 0.5 = 0.2

B 0.5 × 0.3 = 0.15

C 0.2 × 0.6 = 0.12 합계; 0.47

(3단계) 고정비 4,700,000원에 대한 손익분기판매액 구함

4,700,000 / 0.47 = 10,000,000원

(4단계)

A 10,000,000원 × 0.5 = 5,000,000원 5,000그릇/월 167그릇/일

B 10,000,000원 × 0.3 = 3,000,000원 1,500그릇/월 50그릇/일

C 10,000,000원 × 0.2 = 2,000,000원 667그릇/월 22그릇/일

TEST YOUR SKILL

해산물요리 식당을 운영한다.

판매 달러와 요구되는 손님들, 이 두 조건에서 그의 경영상 수입액과 지출액이 맞먹는 것을 계산하고 싶어하였다.

작년 정보를 근거로 두고, 메뉴 가격과 비용 이 두 가지에는 아무런 변화가 없다는 것을 가정하고 그를 위해 이 두 가지 수를 계산하시오.

Total sales:	3,465,000 (100%)	Sales per guest:	1,650
Variable costs:	? (68%)	Guest served:	______
Fixed costs:	? (20%)		
Net profit:	415,800(12%)		
Break-even point in sales:			______
Break-even point in guest served:			______

답

답안지 참조

Chapter

11 회계의 기본개념

1. 회계의 이론적 개념

급식경영관리자들은 회계사는 아니어도 성공적 경영을 위하여 회계과정과 연관되어 적절한 재무통제 기법을 알고 있어야 한다. 재무관리(financial management)란 급식소의 내부 및 외부 관계자들에게 회계와 연관된 재무정보를 조직(organizing), 분석(analyzing), 해석(interpreting), 기록(recording), 요약(summarizing), 보고(reporting)하는 일련의 과정으로 정의된다. 재무회계(financial accounting)는 경영의사결정을 위하여 재무보고서에서 제시되는 재무정보를 회계화 시키는 과정으로서 예를 들어, 재무상태표(balance sheet), 손익계산서(income/profit and loss statement), 현금흐름표(the statement of cash flows)로 급식관리자, 경영주, 정부기관, 재정기관자들에게 레스토랑의 재무상태를 알게 하는 가장 중요한 보고서이다. 감사(auditing)는 레스토랑에서 재무정보를 정확히 기록하고 보고하는지 검토하는 회계시스템이다. 관리회계(managerial accouting)는 추정재무정보들을 미래 계획을 위해 분석하는 과정으로 예를 들어, 특정한 날에 레스토랑 영업을 할 것인가 안할 것인가를 정보자료를 분석하여 제안하게 된다. 재무회계와 관리회계의 주요 차이점은 재무회계 보고자료는 투자자와 같은 레스토랑 외부관계자들에게 중요하고 관리회계보고 자료는 내부 관리자들에게 1일, 1주일 보고 형태로 정보를 주게 된다. 식음료 재고자산보고서, 식음료 검수보고서, 판매기록, 예산과 비교 분석된 운영보고서 등이 관리회계에 속하게 된다.

미국공인회계사회(AICPA: American Institute of Certified Public Accountants)에서 발표한 1953년의 회계연구공보(ATB: Accounting Terminology Bulletin) 제1호에 의하면 "회계란 재무적 성격을 갖는 거래나 사건을 화폐단위에 의해서 뜻있는 방법으로 기록·분류·요약하고 해석하는 기술이다."고 하였으며, 또한 1966년에 미국회계학회(AAA: American Accounting Association)에서 발표한 「기초적 회계이론에 관한 보고서」(ASOBAT: A Statement of Basic Accounting Theory)에 의하면 "회계란 보고의 이용자가 정보에 입각한 판단이나 의사결정을 할 수 있도록 경제적 정보를 식별·측정하고 이를 전달하는 과정이다."고 하였다.

이상의 두 가지 내용을 살펴보면, 전자는 전통적 회계의 본질을 나타낸 것이라고 한다면, 후자는 전통적 회계기능 이외에 이해관계자(주주, 채권자, 거래처, 금융기관, 정부 등)에게 의사결정에 필요한 정보를 제공하는 기능까지를 포함하고 있다. 그러므로 오늘날의 회계개념은 기업과 관련을 맺고 있는 모든 이해관계자들에게 합리적이고 경제적인 의사결정에 유용한 재무적 정보를 측정 제공하기 위한 조직적인 전달과정이라 할 수 있다.

2. 회계의 기능

회계기능은 모든 기업이 그 회계를 처리하는 데 있어서 따르지 않으면 안 되는, 즉 기업회계기준이나 상법 등에 의해서 기업의 상이한 모든 이해관계자(주주, 채권자, 종업원, 소비자, 지역주민, 정부 등)의 수익성·안정성·유동성 등과 같은 목적에 부응하기 위해서 기업이 수행하지 않으면 안 되는 기능을 말하는데, 다음과 같이 관리적 기능, 보전적 기능, 보고적 기능으로 설명된다.

1) 관리적 기능

내부적 기능이라고도 하며, 이것은 기업의 경영자 입장에서 기업의 경영활동을 계량적으로 분석 파악하여 그 결과를 타 기업과 비교 평가한다든가, 예산 및 표준매출목표를 수립함과 동시에 재무관리(financial management)와 원가관리(cost management) 등을 정확하게 관리하는 기능을 말한다.

2) 보전적 기능

이것은 채권자 입장에서의 권리의 행사 및 채무자로서의 의무의 이행 등 경영활동에 있어서 모든 거래와 계약의 확보는 물론 위법, 부당, 오류 등에 의한 재산과 자본의 감손을 방지하는 것으로서 기업회계 본래의 목적과 임무를 수행하는 것을 말한다.

3) 보고적 기능

외부적 기능이라고도 하며, 재무제표, 즉 재무상태(B/S)와 경영성과(I/S)를 이해관계자들에게 측정·전달·보고하는 기능을 말한다.

<table>
<tr><td rowspan="5">회계의 기능</td><td rowspan="3">기본적 기능</td><td>측정기능</td><td>분류기능
칭량(稱量)기능</td></tr>
<tr><td>기술기능</td><td>정보처리기능
제표작성기능</td></tr>
<tr><td>해석기능(관리기능)</td><td>업적평가기능
방침결정기능</td></tr>
<tr><td rowspan="2">파생적 기능</td><td>외부전달기능(보고기능)</td><td>경영성과표시기능
재무상태표시기능</td></tr>
<tr><td>내부통제기능(보전기능)</td><td>내부견제기능
내부감사기능</td></tr>
</table>

3. 회계의 분류

오늘날의 회계는 앞의 의의에서 언급한 바와 같이 회계정보이용자들에게 의사결정에 유용한 정보를 제공하는 것을 목적으로 하기 때문에, 전통적 회계기능에서는 외부이용자를 위한 회계중심이었으나, 오늘날에 와서는 회계기능이 외부이용자뿐만 아니라 내부이용자를 위한 재무회계와 내부이용자를 위한 관리회계 및 법인세 등의 계산을 위한 세무회계로 구분된다.

1) 재무회계

재무회계(financial accounting)는 재무제표의 작성과 보고가 중심이 되는 회계로서, 외부보고가 주목적이 되고 있다.

따라서 기업경영활동을 인식·기록·분류·정리하여 재무제표라는 회계보고서를 작성하여 기업외부의 이해관계자에게 공표할 목적의 외부보고를 위한 회계를 말한다.

재무회계의 주요내용은 다음과 같다.

① 회계원리
② 회계이론
③ 재무제표론
④ 중급회계
⑤ 경영분석(재무제표 분석)
⑥ 회계감사 등

2) 관리회계

관리회계(management accounting, managerial accounting)란 경영자가 경영의사결정을 하는데 필요한 회계정보를 제공하는 내부보고 목적의 회계를 말한다.

관리회계는 경영자들에게 경영관리상 유용한 정보를 제공함으로써 기업목적을 효과적으로 달성하고자 하는 데 있다.

관리회계의 주요내용은 다음과 같다.

① 관리회계
② 원가회계
③ 이익계획론
④ 예산통제론
⑤ 경영통제
⑥ 내부감사론 등

3) 세무회계

세무회계(tax accounting)는 세법규정에 따라 국가 및 지방자치단체에 납부하는 세금에 관한 회계로서 소득금액의 결정, 과세표준의 결정, 세액의 결정을 다루는 회계이다. 이는 세무신고서의 작성, 세무정책의 대책, 세무관리 등이 포함되고 있다.

세무회계의 주요내용은 다음과 같다.

① 세무회계이론
② 세무관리론
③ 조세정책론
④ 세법총론
⑤ 소득세법
⑥ 법인세법
⑦ 부가가치세법
⑧ 소비세제법
⑨ 재산세제법
⑩ 지방세제법 등

4. 회계의 구조

회계의 구조는 ⓐ 회계목적의 설정→ⓑ 회계공준의 제시→ⓒ 회계원칙의 유도→ⓓ 회계절차의 제정→ⓔ 회계실무의 정립의 순서로 이루어진다. 이러한 방법론을 연역적 연구방법이라 한다. 이에 대하여 살펴보면 다음과 같다.

① 한정된 자원을 유용하게 활용하기 위해서 의사결정을 할 수 있는 정보를 제공하는 데 있다.
② 경영 내의 인적·물적 자원을 효율적으로 관리하기 위한 정보를 제공한다.
③ 자원의 보전과 그 관리에 관한 보고를 한다.
④ 사회적인 직능 및 통제를 용이하게 한다.

여기서 ①과 ②는 관리회계로, ③과 ④는 재무회계의 계산영역으로 분류하기도 한다.

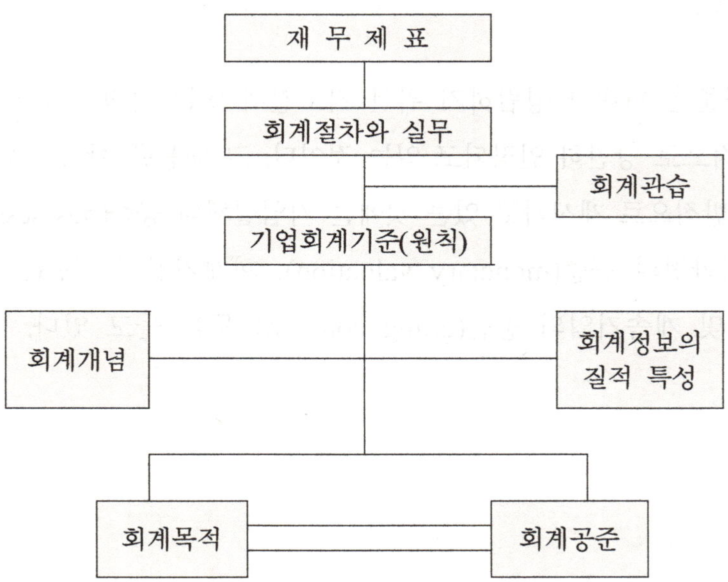

5. 회계의 목적

회계의 기본목적은 기업의 모든 이해관계자에게 합리적인 의사결정에 도움을 줄 수 있는 정보를 제공하는 데 있다.

그런데 회계의 목적은 회계정보를 어떤 목적으로 어디에 제공하는가에 따라 서로 다르다. 그러므로 여기서는 미국회계학회(AAA)의 기초적 회계이론에 관한 회계 보고서(ASOBAT)에 기준한다.

① 연역적 연구방법 : 일정한 명제를 논리적으로 추론하여 다른 명제를 도출함으로써 이론적 체계를 형성하는 방법을 말한다.
② 귀납적 연구방법 : 구체적인 경험적 현상을 관찰·측정하여 여기서 발견된 사실로부터 일반적 원리를 도출하는 방법이다. 이 경우 회계의 구조는 연역적 연구방법과 역의 순서로 이루어진다.

6. 회계공준

회계공준은 회계가 성립하기 위한 기초전제 또는 가정을 말하며, 누구나 경험적으로 당연히 인정되고 있는 것이다. 그 내용은 학자에 따라 다르지만, 일반적으로 제시하고 있는 것에는 기업실체의 공준(business entity), 화폐가치안정의 공준(monetary valuation), 회계기간의 공준(accounting period) 및 계속기업의 공준(going concern) 등을 들고 있다.

1) 기업실체의 공준

회계계산의 범위를 한정하는 것으로 기업회계는 그 기업의 재산 및 자본을 계산하는 것이다. 따라서 개인기업의 경우에도 자본주 개인의 가계는 영업의 회계와는 분리하여 처리되지 않으면 안 된다.

기업의 규모가 작은 경우에는 1기업이 1개의 실체이지만, 대규모가 되어서 공장이나 지점, 사업부 등이 독립된 회계를 하게 되면 1기업이 여러 개의 실체로서 성립하게 된다. 반대로 1기업이 주식소유에 의하여 타기업을 지배하고 있을 때에는 그 기업집단을 한 개의 실체로서 회계계산을 하게 된다. 그것을 연결회계라고 하는데, 그런 점에서 실체를 「기업실체」라고 표현하는 것은 적당하지 않다.

2) 화폐가치안정의 공준

화폐적 평가의 공준이라고 하는 것으로서, 회계계산은 물량숫자가 아니라 화폐단위에 의한 회계이다. 그것은 다양한 매매, 부채, 수익 · 비용을 가감계산하기 위한 공통척도로서는 화폐단위밖에는 없기 때문이다. 그러나 화폐단위로 계산한다는 것뿐이며, 화폐가치의 안정성까지 포함하는 것이 아니라는 견해도 있다.

3) 회계기간의 공준

회계계산은 일정한 기간을 인위적으로 반년이라든가 1년이라든가 하는 계산단위를 계속기업을 전제로 해서 구분하는 회계계산단위를 말한다. 보통 그것을 회계기간, 회계연도, 사업연도라고도 한다. 이 공준은 회계에서 발생주의 회계를 채택함으로써 수익 · 비용의 이연(deferrals) 및 발생(accruals)을 인정해 주고 있으나, 기간손익의 측정에 있어서 회계담당자의 주관적 판단 및 개입이 야기되기도 한다.

4) 계속기업의 공준

기업은 일정한 계산단위기간인 회계기간이 있지만, 그것은 일정기간 동안 기업성과를 이해관계자에게 보고하기 위한 인위적인 구분기간이다. 따라서 기업은 1회계기간에만 존재하는 것이 아니라 이해관계자가 존재하는 한 기업은 영구히 존재한다는 가정 하에서 회계를 처리해야 한다는 것이다. 즉 회계기간의 공준도 기업이 계속된다는 가정 하에서 이루어진 것이다.

이들 회계공준이 회계기준을 구성하는 요소냐 아니냐에 대해서는 이론적이지만, 이미 설명한 바와 같이 기업회계의 성립을 가능케 하는 기초적 전제이며, 그것을 바탕으로 하여 회계기준이 형성되는 것이다.

7. 일반원칙

우리나라 기업회계기준 제3조에서는 다음과 같이 일반원칙으로서 6가지를 들고 있다.

1) 신뢰성의 원칙

회계처리 및 보고는 신뢰할 수 있도록 객관적인 자료와 증거에 의해서 공정하게 처리하여야 한다.

2) 이해가능성의 원칙

재무제표의 양식 및 과목과 회계용어는 이해하기 쉽도록 간단·명료하게 표시하여야 한다.

3) 충분성의 원칙

중요한 회계방침과 회계처리기준, 과목 및 금액에 관하여는 그 내용을 재무제표에 충분히 표시하여야 한다.

4) 계속성의 원칙

회계처리에 관한 기준 및 추정은 기간별 비교가 가능하도록 매기 계속하여 적용하고 적당한 사유 없이 이를 변경하여서는 아니된다.

5) 중요성의 원칙

회계처리와 재무제표작성에 있어서 과목 및 금액은 그 중요성에 따라 실용적인 방법에 의하여 결정하여야 한다.

6) 안전성의 원칙

회계처리과정에서 두 가지 이상의 선택가능한 방법이 있는 경우에는 재무적 기초를 견고히 하는 관점에 따라 처리하여야 한다.

8. 회계기준

우리나라의 회계기준은 1981년 12월 23일에 제정되었으나 이미 1958년 6월에 제정된 기업회계원칙과 재무제표규칙이 있었다. 당시의 재무제표로서는 재무상태표, 손익계산서, 이익잉여금계산서였다. 그동안 제1차 개정이 1976년 7월, 제2차 개정이 1981년 1월에 각각 있었으며, 현재의 기업회계기준도 1981년 12월 23일에 「주식회사의 외부감사에 관한 법률」의 제정에 의해서 동 기준이 제정되었다. 기업회계기준도 그동안 제1차 개정(1984. 9. 1), 제2차 개정(1985. 12. 27), 제3차 개정(1990. 3. 29), 제4차 개정(1990. 9. 29), 제5차 개정(1992. 7. 28), 제6차 개정(1994. 4. 30), 제7차 개정(1996. 3. 30), 제8차 개정(1996. 12. 27), 제9차 개정(1997. 12. 24) 그리고 제10차 개정(1998. 12. 12)을 통하여 현재에 이르고 있다.

우리나라 기업회계기준은 제10조에 재무상태표 작성기준과 제34조에 손익계산서 작성기준을 규정하고 있는데, 그 내용을 보면 다음과 같다.

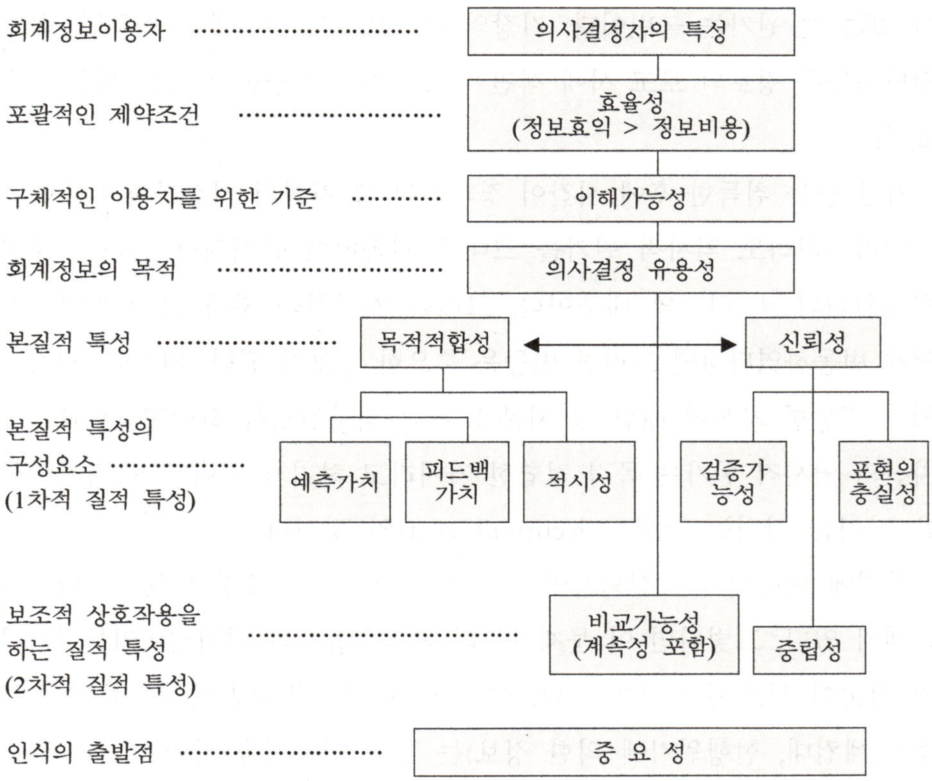

9. 역사적 원가기준

역사적 원가기준(historical cost principle)은 원가를 재무제표에 보고하는 요소로 회계에서 처음 인식할 때 원가(cost)로 기록한다는 원칙이다. 원가란 보통 취득원가(acquisition cost) 또는 역사적 원가(historical cost)를 뜻하는바 재화 또는 서비스를 취득할 당시의 교환가격(exchange price) 또는 화폐적 대가(monetary consideration)를 의미하는 것이다.

원가(cost)는 다른 평가방법들에 비하여 명확하고(definite) 결정적(determinable)이라는 장점을 지니고 있다. 일단 경절되면 기업 내에 남아 있는 한 원가는 불변이다. 기장의 기준으로서 원가를 사용하면, 회계 담당자들은 정보의 보고 시에 객관적이고 검증 가능한 자료를 제공할 수 있다.

자산 등을 취득한 후에 시간이 경과하여 그 자산의 시장가치가 변동하였더라하더라도 역사적 원가를 그대로 계속하여 유지해야 한다는 것이 원가원칙의 또 하나의 내용이다. 그러나 자산취득 후에 그 시장가치가 크게 변동하였다하면 그러한 변동은 중요한 정보가 된다. 예컨대, 시장가치가 변동한 자산에 대한 그 처분에 관한 의사결정을 하려고 한다면 그 자산의 역사적 원가는 목적 적합한 가치라고 하기가 어렵다. 목적적합성을 가지는 가치는 현행원가(current cost)일 것이다.

반면에 현행원가는 신뢰성이 있도록 객관적으로 측정하기는 어렵다는 문제가 있다. 그렇다면 이 문제로부터 목적적합성과 신뢰성이라는 두 개의 기준이 서로 충돌하게 된다. 즉 특정한 의사결정에 목적적합성이 큰 정보(예컨대, 현행원가에 의한 정보)는 낮은 신뢰성을 가질지도 모르고, 신뢰성이 큰 정보(예컨대, 역사적 원가에 의한 정보)라도 그것은 의사결정에 목적적합하지 못할지도 모른다. 이와 같은 역사적 원가는 신뢰성을 크게 강조하고 있지만 현행 원가는 목적적합성을 더 강조하고 있다.

1) 수익실현의 원칙

회계에서 인식(recognition)한다는 것은 수익뿐만 아니라 자산과 부채, 비용 등의 항목을 기업의 재무제표에 공식적으로 기록하거나 포함시켜 보고(reporting)한다는 뜻이다.

수익을 인식하는 수익인식시점 또는 수익보고시점은 수익이 실현된 시점으로 한다. 수익의 실현시점은 재화나 용역이 판매·제공되었을 때이다. 이처럼 수익은 실현시점에서 인식·보고하는 원칙을 수익의 원칙(revenue principle), 수익인식의 원칙(realization principle)이라 한다.

수익은 현금주의(cash basis)에 따라 인식하지 않고 발생주의(accrual basis)에 따라 인식하는 것임을 알 수 있다. 현금주의는 현금을 받거나 주는 시점에서 수익을 보고하지만, 발생주의는 현금의 수수와는 관계없이 판매나 생산계약의 체결 등의 사건이 발생하는 시점에서 수익을 보고하는 기준이다. 전통적 수익실현의 기준 하에서는 수익은 보통 판매시점에서 인식되고 있다. 이를 판매기준이라 한다.

2) 수익·비용대응의 원칙

비용이 수익의 창출에 공헌한 시기를 결정하는 것은 어려울지 모르나 대부분의 비용은 특정수익과 관련되어 있다. 수익·비용대응원칙(principle of matching costs with revenues)이란 수익원칙에 따라 수익이 보고되면 그 수익과 인과관계를 가지고 발생한 비용도 수익을 보고하는 같은 기간에 보고하여야 한다는 것이다. 따라서 수익을 전기로부터 당기로, 당기에서 차기로 이연시킬 경우에는 이 이연시킨 수익과 인과관계를 가지는 비용도 똑같이 전기에서 당기로 또는 차기로 이연되어야 한다. 그러므로 이 원칙은 자산원가를 각 기간별로 그것이 가져온 수익에 따라 비용으로 배분(allocation)하는 것을 요한다.

3) 완전공시의 원칙

많은 대체적인 회계처리절차가 사용가능하고 이들에 대한 선택이 주관적이기 때문에 회계담당자끼리 서로 다른 회계처리방법을 사용할 가능성은 얼마든지 있다. 반면에 회계담당자들이 선택할 수 있는 많은 대체적인 회계처리방법이 있다는 사실을 재무제표 이용자들은 모르고 있다. 또한 공시를 하지 않으면 이용자들은 완전히 다른 기준을 사용했다고 생각할 수도 있다. 이러한 가능성을 없애기 위해 이용자들의 판단에 영향을 줄 수 있는 재무제표의 중요한 정보를 모두 포함시켜야 한다는 것을 완전공시의 원칙(full disclosure principle)이라고 한다. 따라서 완전공시의 원칙에 의하면 이해 가능한(knowledgeable) 재무제표 이용자가 추측에 빠지지 않고 진정한 의사결정을 할 수 있도록 도와줄 수 있을 만큼의 충분한 정보를 공시해야만 한다.

완전공시의 원칙은 기업의 재무제표는 기업의 경제적 사건에 관한 목적적합한 정보를 빠짐없이 제공해야 한다는 원칙이다. 목적적합성을 "의사결정에 차이를 발생시킬 수 있는 정보의 능력"이라 정의한다면, 이 원칙은 의사결정에 차이를 발생시킬 수 있는 그 정보는 양적인 것이든 질적인 것이든 모두 재무제표에 기록하여 보고하여야 한다는 원칙이다.

4) 객관성의 원칙

객관성의 원칙(objectivity principle)은 회계정보의 유용성은 객관적으로 측정되고 검증가능하여야 한다는 원칙으로 검증가능성의 원칙(verifiability principle)이라고도 한다. 검증가능성이란 자료를 입증할 수 있는 증거가 적당하고 취득가능하다는 것을 의미한다. 만약 정보가 객관적이고 검증가능하다면 자격 있는 사람이 둘 이상 동일한 자료를 조사해도 유사한 측정치의 결론에 도달할 것이다. 그러나 어떠한 정보도 완전히 객관적일 수는 없다. 다만 추정, 예측, 측정과정이 외부이용자들이 믿을 수 있는 자료와 방법에 의해 행해진다면 그 정보는 검증가능하고 객관적이라고 할 수 있다. 특히 객관성은 독립적인 감사절차에서 매우 중요하다.

5) 계속성의 원칙

회계자료는 그 자체로서도 유용하지만 전년도의 자료 또는 타 기업의 자료와 비교할 때에 더욱 유용하다. 계속성의 원칙(consistency principle)이란 회계실체가 동일한 거래에 대해서 기간이 변한다하여도 동일한 회계처리방법을 사용할 것을 요구하는 것을 말한다. 비교가능성을 유지하기 위해서는 대체적인 회계처리방법을 최소화시키고 매 기간 계속적으로 적용해야 한다. 매년 상이한 회계처리방법을 사용하면 이러한 회계자료는 서로 비교가 불가능하게 된다.

계속성의 원칙은 기업이 매 기간 동안 동일한 회계처리방법을 적용하는 것을 의미하는 것이지만 그렇다고 해서 한 회계처리방법에서 다른 회계처리방법으로 변경할 수 없다는 의미는 아니다. 기업은 회계처리방법을 변경할 수도 있다. 그러나 이는 새로 채택한 방법이 이전 방법보다 더 합리적이라는 사실을 입증할 수 있는 경우에 국한시켜야 한다. 그리고 이에 대한 정당성뿐만 아니라 회계변경의 특성과 영향도 회계변경을 행한 기간의 재무제표에 공시하여야 한다.

6) 보수주의

보수주의(conservatism)란 선택 가능한 다양한 방법들이 있는 경우 순이익 또는 재무상태에 가장 불리한 영향을 미치는 회계처리방법을 선택하는 원칙이다. 보수주의에 따른 회계처리 시 자산은 작게, 부채는 크게 평가하며, 수익은 적게, 비용은 많이 계상하게 된다. 또한 수익은 가급적 늦게 비용은 가급적 빨리 계상한다.

보수주의에 입각한 회계처리는 기업의 재무적 기초를 보다 견고히 할 수 있어 미래의 위험에 보다 적극적으로 대비할 수 있다. 그러나 보수주의적 회계처리는 논리적인 타당성이 없고, 이익을 조작할 위험이 있어 적정한 회계정보가 아닌 왜곡된 회계정보를 제기하게 된다.

보수주의는 이론상의 논리적 모순에도 불구하고 실무적이다. 기업회계기준 제3조에서도 회계처리과정에서 2 이상의 선택가능한 방법이 있는 경우에는 재무적 기초를 견고히 하는 관점에 따라 처리하여야 한다고 규정하여 보수주의를 일반원칙으로 인정하고 있다. 지나친 보수주의에 의한 회계처리는 기업 내에 비밀적립금(secret reserves)을 설정하는 결과를 초래할 수 있다.

7) 기업회계기능상의 회계원칙

기업회계기준 제3조에서는 회계처리 및 보고 시 준수되어야 할 내용을 일반원칙으로 6가지를 제시하고 있다. 그러나 제시되고 있는 항목에는 앞서 설명한 회계정보의 질적 특성에 속하는 것들도 있다. 즉 기업회계기준은 회계정보의 질적 특성과 회계원칙을 엄격하게 구분하지 않고 '일반원칙'으로 범주를 정하고 있다.

기업회계기준 제3조에서 규정하고 있는 일반원칙은 다음과 같다.

① 신뢰성의 원칙 : 회계의 처리 및 보고는 신뢰할 수 있도록 객관적인 자료와 증거에 의하여 간단명료하게 표시하여야 한다.
② 계속성의 원칙 : 재무제표의 양식 및 과목과 회계용어는 이해하기 쉽도록 간단명료하게 표시하여야 한다.
③ 충분성의 원칙 : 중요한 회계방침과 회계처리기준, 과목 및 금액에

관하여는 그 내용을 재무제표상에 충분히 반영해야 한다.

④ 계속성의 원칙 : 회계처리기준과 절차는 매기 계속하여 적용하고 명백한 이유 없이는 이를 변경하여서는 안 되며, 기간별 비교가 가능하도록 해야 한다.

⑤ 중요성의 원칙 : 회계처리와 재무제표작성에 있어서 과목과 금액은 그 중요성에 따라 실용적 방법에 의거 결정해야 한다.

⑥ 안정성의 원칙 : 회계처리과정에서 몇 개의 선택가능한 방법이 있는 경우에는 재무적 기초를 견고히 하는 관점에 따라 회계처리를 해야 한다.

위와 같은 일반원칙의 내용을 보다 간략화하면 아래와 같이 정리할 수 있다.

일반원칙		보조특성
신뢰성의 원칙	································	객관성, 검증가능성, 공정성
이해가능성의 원칙	························	간결성, 명료성
충분성의 원칙	······························	충분공시
계속성의 원칙	································	비교가능성
중요성의 원칙	································	실용성
안정성의 원칙	································	보수주의

10. 재무상태표와 손익계산서 작성기준

기업회계기준에서는 일반원칙 외에 재무상태표와 손익계산서를 작성하는 경우의 기준을 제시하고 있다. 이에 대한 상세한 설명은 제14장 재무제표에서 하기로 한다.

기업회계기준 제11조에서 제시하고 있는 재무상태표의 작성기준은 ㉠ 구분표시, ㉡ 총액표시, ㉢ 1년 기준, ㉣ 유동성 배열, ㉤ 잉여금 구분, ㉥ 특정비용의 이연 등 6가지이다. 또한 기업회계기준 제65조에서 제시하고 있는 손익계산서의 작성 기준은 ㉠ 발생주의, ㉡ 수익·비용대응, ㉢ 총액표시, ㉣ 구분표시 등 4가지이다.

기업회계기준상의 회계원칙은 일반원칙과 재무상태표와 손익계산서 작성기준으로 나누어지며 이를 체계화하면 다음과 같다.

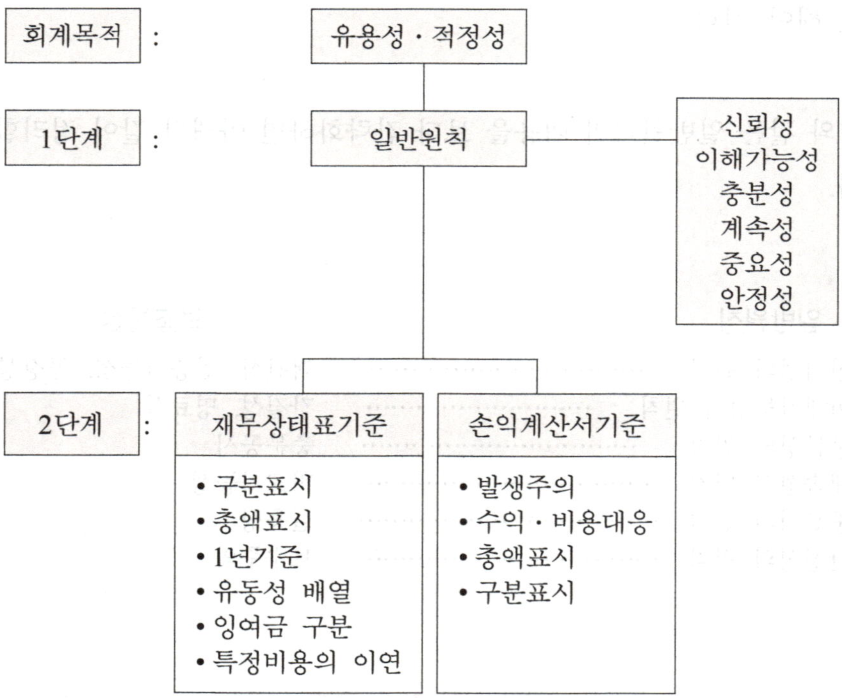

11. 회계개념

앞서 설명한 바와 같이 회계개념(accounting concepts)은 회계의 구조상 어디에도 속할 수 있으나, 주로 재무상태표와 손익계산서상 계정의 개념으로 회계의 기본요소이다. 회계개념은 재무제표요소(financial statement elements)라고도 한다. 재무제표요소는 주된 재무제표인 재무상태표와 손익계산서의 요소로 나누어 설명하기로 한다.

1) 재무상태표 요소

재무상태표(balance sheet; B/S)는 기업의 일정시점에서의 재무상태를 나타내는 회계보고서로 기업의 부(wealth)를 표시하는 보고서이다. 재무상태표의 구성요소는 자산, 부채, 자본(소유자 지분)이다.

2) 자 산

(1) 자산의 의의

자산(assets)이란 기업이 소유하고 있는 경제적 자원을 말한다. 즉 자산이란 과거의 경제적 사건에 따라 특정한 회계실체가 취득하여 그 지배하에 둠으로써 미래에 효익을 얻게 될 경제적 자원이다. 자산은 다음과 같은 요건을 갖춘다.

① 희소한 경제적 자원(economic resources)이다.
② 장래에 효익(benefit)을 제공할 수 있는 것이어야 한다.
③ 보유기업만이 사용할 수 있는 독점적인 권리가 있어야 한다.
④ 교환가능성(exchangeability), 즉 현금화 가능성이 있어야 한다.

(2) 자산의 분류

자산은 '유동성'에 따라 유동자산과 고정자산으로 구분한다. 유동성의 판단은 1년 또는 영업순환주기(operating cycle)를 기준하며, 결산일로부터 1년 기준(one-year rule)이 일반적이다.

① 유동자산(current assets) : 이는 현금과 1년 이내에 현금화될 것을 목적으로 하며 또한 현금화될 수 있는 자산이다.

② 고정자산(non-current assets 또는 fixed assets) : 이는 1년 이내에 현금화 할 수 없는 장기 사용목적의 자산이다.

또한 자산은 '화폐성 여부'에 따라 화폐성 자산과 비화폐성 자산으로 분류한다. 화폐성 여부란 일정액의 고정된 화폐액으로 표시될 수 있는가의 여부이다.

① 화폐성 자산(monetary assets) : 시간경과 또는 화폐가치 변동의 경우에도 일정 화폐액으로 고정되어 있는 자산으로 현금·예금·외상매출금·대여금 등이 포함한다.

② 비화폐성 자산(non-monetary asstes) : 시간이 경과하거나 화폐가치가 변동하면 자산이 다른 금액으로 변화하는 자산이다. 예를 들면, 재고자산·투자주식·유형고정자산·이연자산 등이다.

또한 자산은 그 '물리적 실체(physical substance)'의 존재여부에 따라 유형자산과 무형자산으로 분류한다.

① 유형자산(tangible assets) : 이는 유형고정산 · 재고자산 · 외상채권 · 유가증권 등과 같이 물리적 실체를 갖는 자산이다.
② 무형자산(intangible assets) : 이는 무형고정자산 · 이연자산과 같이 물리적 실체도 없고 그것을 재생산하는데 소요될 원가도 쉽게 측정할 수 없는 자산이다.

한편 '기업회계기준'은 자산을 유동자산, 투자와 기타자산, 고정자산, 이연자산으로 구분하고 있다. 본 교재의 자산에 대한 설명도 기업회계기준상 분류에 준거하여 행하고자 한다.

① 유동자산(current assets) : 1년 이내에 현금으로 전환될 수 있거나 판매 또는 소비될 수 있는 자산이다. 유동자산은 당좌자산, 재고자산, 기타 유동자산으로 구분한다.
② 투자와 기타자산(investments and other assets) : 장기적 투자목적의 투자자산과 다른 자산으로 분류되지 않는 나머지 자산인 기타자산으로 분류된다.
③ 고정자산(fixed assets) : 정규적인 영업활동을 위하여 장기적 사용을 목적하는 자산이며, 유형고정자산과 무형고정자산으로 구분한다.
④ 이연자산(deferred assets) : 비용을 이연시켜 자본화한 자산이다.

3) 부 채

(1) 부채의 의의

부채(liabilities)란 타인에게 지급하여야 할 채무이다. 즉 부채는 과거의 경제적 사건의 결과로서 기업이 미래에 타인에게 경제적 자원을 이전시킬 의무이다. 부채는 채권자의 청구권, 채권자 지분(creditor's equities) 또는 타인자본이라고도 한다. 부채는 계약상의 지급 의무액, 지급일, 지급대상자 등이 확정되어 있는 확정부채가 일반적이나, 때로는 우발채무(contingent liabilities)가 나타나기도 한다.

기업의 채무인 부채의 특성은 다음과 같다.

① 부채는 과거의 경제적 사건으로부터 발생하여 현재시점(at the present time)에 존재하여야 한다.

② 부채는 의무이다. 의무의 범위는 계약상의 법적인 의무는 물론이고 기업 활동에 따른 통상적인 의무(예: 서비스 보증의무) 및 형평적 의무까지도 포함한다. 사회적·도덕적 관습 등에 따라 발생하는 의무를 형평적 의무(equitable obligation)라고 한다.

③ 무조건적 상계권(unconditional right of offset)이 존재하는 경우에는 부채가 아니다. 무조건적 상계권이란 기업이 지급의무를 아무런 조건 없이 임의로 해약할 수 있는 권리를 말한다.

④ 부채는 미래의 희생(future sacrifice)이다. 즉 부채는 미래에 자산의 이전을 통해 기업의 가치를 감소시킨다.

⑤ 부채는 지급액·수취인 등이 확정된 경우뿐만 아니라, 금액의 합리적 추정이 가능한 경우나 확실한 수취인이 존재하지 않는 경우에도 인식될 수 있다.

(2) 부채의 분류

부채는 상환일을 기준으로 유동부채와 고정부채로 분류한다. 기업회계기준도 이러한 분류를 하고 있다. 구분기준은 자산의 경우처럼 1년 기준에 따른다. 유동부채(current liabilities)란 결산일로부터 1년 이내에 상환일이 도래하는 부채이며, 고정부채(non-current liabilities)는 상환기일이 결산일로부터 1년 이후에 도래하는 부채로 장기부채라고도 한다.

4) 자 본

자본(capital)은 기업의 소유주인 주주에게 속하는 지분이며 소유자지분(owner's equity), 주주지분(stockholder's equity), 순재산(net worth), 또는 자기자본이라고도 한다. 자본은 잔여지분(residual interest)으로 기업의 자산에서 경제적 의무인 부채를 차감하고 남는 분류한다. 주식회사 형태인 기업의 경우 자본은 자본금, 자본잉여금, 이익잉여금으로 분류한다. 때로는 자본의 조정항목이 나타나기도 한다.

① 자본금(legal capital) : 주주가 회사에 투자한 주식의 액면가액으로 발행 주식총수에 주당 액면가액을 곱하여 계산한다.

② 자본잉여금(capital surplus) : 주주의 불입자본 중에서 자본금을 제외한 부분으로 자본거래에서 발생되는 잉여금이다.

③ 이익잉여금(earned surplus) : 이익의 사내유보로 증가된 주주청구권으로 손익거래에서 발생되는 잉여금이다.

④ 자본조정(capital adjusting) : 자본거래에서 발생한 것으로 소유자지분, 즉 자본에 대한 차감적·부가적 항목이다.

5) 손익계산서 요소

손익계산서(income statement : I/S 또는 profit and loss satement : P&L)는 일정기간 동안의 기업의 경영성과를 나타내주는 회계보고서이다. 경영성과는 일정기간의 수익과 그 수익을 얻기 위하여 사용된 비용을 대응시켜 계산한다. 수익과 비용의 차액은 기간손익이다. 수익이 비용보다 큰 경우에는 순이익이, 비용이 수익보다 큰 경우에는 순손실이 나타난다.

(1) 수 익

수익(revenues)이란 일정기간 중 기업의 계속적 · 중심적 활동으로 인한 재화나 서비스의 생산 · 판매 등으로 나타나는 자산의 유입액 · 증가액이거나 부채의 청산액이다. 수익은 기간손익의 증가요인이며, 이익의 원천이 된다. 수익은 일반적으로 재화나 서비스의 제공(판매)시점에서 계상되며 일정기간 동안의 흐름(flow)의 개념이다. 수익은 영업수익과 영업외수익으로 구분된다.

(2) 비 용

비용(expenses)이란 일정기간 동안 수익을 얻기 위하여 소비한 자산이나 용역의 원가이다. 즉 비용은 수익창출을 위한 희생이다. 비용은 수익을 획득하는 과정에서 재화나 용역이 소비될 때 발생하며 이에 따라 비용은 수익과 대응(matching)을 시킬 수 있다. 즉 순손익의 계산은 수익 · 비용대응을 통하여 계산된다. 비용은 이익의 감소요인이며, 수익과 마찬가지로 일정기간 동안의 흐름(flow)으로 파악된다.

12. 회계등식

회계등식(accounting formula)이란 재무상태표 요소들 간의 관계를 등식으로 표현한 것이며, 회계방정식(accounting equation)이라고도 한다. 우선 재무상태표의 구성요소를 재무상태표 작성방법에 따라 공식화한 재무상태표등식(balance sheet formula)을 들 수 있다. 다음의 재무상태표등식은 자산에 대한 채권자와 소유자의 지분을 나타낸다.

자산 = 부채 + 자본
= 채권자지분 + 소유자지분 = 총지분
= 타인자본 + 자기자본 = 총자본

자본등식에서 자산과 부채는 독립변수이며, 자본은 자산과 부채에 대한 종속변수이다. 즉 소유자지분인 자본은 독립변수인 자산과 부채의 평가가치에 의하여 결정된다.

자본 = 자산 − 부채

거래를 기록하는 복식부기시스템(double-entry system)은 회계등식을 바탕으로 한다. 따라서 재무상태표의 기본요소인 자산·부채·자본 간의 관계를 등식으로 표현한 회계등식은 복식부기에 의한 장부기입의 정당성을 인정해주는 전제이다.

Chapter 12 거래 및 계정원칙

1. 회계절차

회계절차는 회계목적을 효율적으로 달성하기 위해서 회계공준과 회계원칙을 바탕으로 하여 회계행위의 순서·방법 등의 회계기법을 제시한 것으로서 회계규칙(accounting rules)이라고도 한다. 회계절차는 회계목적에 입각한 회계원칙(GAAP)의 지침에 의해서 순서적으로 행하여진다. 따라서 회계절차는 회계원칙의 변화하는 속성에 따라서 변화한다.

2. 회계실무

회계실무는 보통 회계원칙과 회계절차에 따라 이루어지는데, 회계이론과는 다른 방향에서 전개되는 경우가 많다.

회계이론의 목표가 회계실무를 발전시키고, 이를 평가하기 위한 일반이론을 형성하는 일관된 이론적인 원칙을 마련하는데 반하여, 회계실무는 논리보다는 실용성 및 실무적 편의성에 따라 처리된다. 따라서 회계이론이 모든 회계실무를 받아들일 수는 없다.

3. 회계항목

1) 자산의 의의 및 분류

(1) 자산의 의의

자산이란 기업이 경영활동을 위하여 소유하고 있는 모든 재화와 권리로서 그 가치가 일반적으로 인정된 회계기준에 따라 화폐액으로 측정평가 표시할 수 있는 것을 말한다.

자산의 본질에 대하여는 다음의 네 가지 견해로 대별해 볼 수 있다.

첫째, 화폐로 표시되거나 전환 가능한 미래의 용역으로 보는 견해이다.

둘째, 이익의 산출과정에서 아직 비용화 되지는 않았으나 장래에 비용화되기를 기다리는 대기상태하의 잔여분이라는 미소멸 원가로 보는 견해이다.

셋째, 특정한 회계주체 내에서 기업목적에 기여하는 경제적 자원으로서, 기대하는 경제활동에 이용될 수 있고, 또한 도움을 줄 수 있는 용역잠재력의 총계로 보는 견해이다.

넷째, 기대되는 미래의 경제적 효익에 대한 권리 중에서 기업이 현재 또는 과거의 거래로부터 취득한 것으로 보이는 견해이다.

따라서 자산의 조건으로서는 첫째, 기업 활동에 필요한 경제적 자원 및 용역잠재력에 대한 권리가 있어야 한다. 둘째, 자산은 화폐액으로 측정 평가할 수 있어야 한다. 셋째, 회계주체가 소유한 모든 재화와 권리가 기업 활동에 이바지될 수 있는 것이어야 한다.

총자본(자기자본 + 타인자본) = 총자산
자본(C) = 자산(A) − 부채(L) …… 자본방정식
자산(A) = 부채(L) + 자본(C) …… 재무상태표 방정식

2) 자산의 분류

자산은 유동성에 따라 유동자산과 고정자산, 형태의 유형에 따라 유형자산과 무형자산, 기간의 장단에 따라 단기자산과 장기자산으로 구분하기도 하며, 또 물가변동에 따라 화폐성자산과 비화폐성 자산 등으로 구분하기도 한다.

우리나라 기업회계기준 제12조에 의하면 유동자산, 투자와 기타자산, 고정자산, 이연자산으로 분류하고 있다.

자산	유동자산	당좌자산	현금 및 현금등가물, 단기금융상품, 유가증권, 매출채권(외상매출금, 받을어음), 단기대여금, 선급금, 선급비용 등
		재고자산	상품, 제품, 반제품, 재공품, 원재료, 저장품 등
	고정자산	투자자산	장기성예금, 특정현금과 예금, 투자유가증권, 장기대여금, 장기성매출채권, 투자부동산, 보증금, 이연법인세차 등
		유형자산	토지, 건물, 구축물, 기계장치, 선박, 차량운반구, 건설 중인 자산 등
		무형자산	영업권, 산업재산권, 광업권, 어업권(입어권 포함), 차지권(지상권 포함), 창업비, 개발비 등

2) 부채의 의의 및 분류

(1) 부채의 의의

부채란 장래 일정한 금액을 일정한 시기에 타인에게 지급할 금전적 의무를 말한다.

부채의 조건으로서 첫째, 부채는 반드시 과거에 발생된 거래이어야 하며, 둘째, 현재시점에서 미래에 지급할 금액이나 그 시기가 확정되어 있는 것, 셋째, 현시점에서 금액 · 시기 · 채권 등이 확정되어 있지 않더라도 미래에 반드시 지급할 것이라면 그 금액을 추정하여 부채로 처리하여야 한다.

(2) 부채의 분류

우리나라 기업회계기준 제12조 제1호에 의하면 부채를 다음과 같이 1년 기준에 의해 유동부채 및 고정부채로 분류하고 있다.

<table>
<tr><td rowspan="2">부채</td><td>유동부채</td><td>매입채무(외상매입금 · 지급어음), 단기차입금, 미지급금, 선수금, 예수금, 미지급비용, 미지급법인세, 미지급배당금, 유동성장기부채, 선수수익, 부채성충당금, 기타의 유동부채 등</td></tr>
<tr><td>고정부채</td><td>사채, 장기차입금, 장기성 매입채무, 부채성충당금, 이연법인세대 등</td></tr>
</table>

3) 자본의 의의 및 분류

(1) 자본의 의의

자본이란 기업자금이 기업에 들어온 원천을 말한다. 따라서 이익을 창출할 목적으로 순환과정에 있는 재화가치의 총계와 일치한다. 그런데 자본의 원천으로서는 기업주로부터 투자된 것, 즉 기업자신의 고유자본이 있는데 그것을 자기자본이라 하며, 그것만으로 부족되는 경우에 타인으로부터 차입하는 것을 타인자본(부채)이라고 한다. 즉 자본은 기업자금의 조달원천을 표시하는 것으로서, 그것은 자산총액에서 부채총액을 차감한 잔액을 말하며 항상 화폐액으로 표시된다.

(2) 자본의 분류

우리나라의 기업회계기준에 의한 자본의 분류를 보면 다음과 같다.

자본	자본금	보통주자본금 우선주자본금
	자본잉여금 - 자본준비금	주식발행초과금 감자차익 기타자본잉여금 - 자기주식처분이익 등
	이익잉여금	이익준비금 가타법정적립금 임의적립금 차기이월이익잉여금 또는 차기이월결손금
	자본조정	주식할인발행차금 배당건설이자 자기주식 미교부 주식배당금 투자유가증권평가손익 해외사업환산대(또는 해외사업환산차) 감자차손 또는 자기주식처분손실 등

4) 수익과 비용

(1) 수익의 의의 및 분류

수익이란 기업이 판매할 재화 또는 제공한 용역의 대가를 말한다. 구체적으로 말하면 호텔이 영업활동을 함으로써 얻어지는 객실 및 식음료, 판매대금, 임대수익 등과 같은 것을 말한다. 따라서 수익은 수입을 가져오지만 모든 수입이 수익에 결부되는 것은 아니다. 예를 들면, 자본주의에 의한 자본납입, 차입금의 회수, 대여금의 회수 등은 수익에 관계없는 수입이기 때문이다. 또 수익은 이익과 구별해야 한다. 이익은 수익에서 비용을 차감한 순액이라고 하며, 비용을 차감하기 전의 총액개념인 수익과는 다르기 때문이다.

수익은 그 발생원천에 따라 영업수익(operation revenue)과 영업외수익(non-operation revenue)으로 분류된다. 전자는 영업상의 활동에서 발생한 수익을 말하며, 후자는 정상적인 영업활동 이외에서 발생된 수익을 말한다.

수익과 수입의 관계에 대하여 다음과 같이 분류할 수 있다.

상기 (1)의 (b)는 전기에 발생된 매출채권을 당기에 받아들인 경우이며, (c)는 전수수익이나 전수금의 경우이다. 독일에서는 상대적 중성수입을 기간적 중성수입이라고 하며, (2)를 본질적으로 중성수입이라고 한다.

(1) 수익과 결부된 수입	(a) 당기의 수익인 수입……	수익적 수입
	(b) 전년도의 수익인 수입 (c) 차년도의 수익인 수입 }	상대적 중성수입
(2) 수익과 전혀 관계없는 수입	………………………	상대적 중성수입

우리나라 기업회계기준상의 수익의 분류를 다음과 같다.

수익	영업상 수익	매출액
	영업외 수익	이자수익, 배당금수익, 임대료, 유가증권처분이익, 유가증권평가이익, 외환차익, 외환환산이익, 투자자산처분이익, 유형자산처분이익, 사채상환이익, 지분법평가이익, 법인세환급액 등
	특별이익	자사수증이익, 채무면제이익, 보험차익 등

5) 비용의 의의 및 분류

(1) 비용의 의의

비용이란 재화 또는 용역이 소비된 부분에 대한 원가액이라 하며, 또 가치의 증식과정에서 수익을 얻기 위하여 희생에 제공된 재산 또는 용역 가치라고도 한다. 예를 들면, 급여라는 비용은 기업을 위하여 사용된 노동의 대가이며, 제조업에서 발생되는 재료비는 제품을 생산하기 위해서 지출된 것 중에서 소모된 부분에 대한 지출액을 말한다.

수익이 수입에 관련된 것과 마찬가지로 비용을 원칙적으로 지출을 수반한다. 그러나 모든 지출이 비용에 관련되는 것은 아니다. 예를 들면, 은행에 예입을 했을 경우라든가 투자를 했을 경우 또는 자금의 회수나 차입금의 반환 등을 한 경우에 지출이긴 하지만 비용과는 관계가 없는데 그런 지출을 중성적 지출이라고 한다.

비용회계에서 문제가 되는 것을 비용에 관련된 지출인데, 어느 특정연도의 지출 모두가 그 연도의 비용이라고 규정할 수는 없다(예: 고정자산 상품). 또한 아직 지출이 수반되지는 않았지만 재화 또는 용역을 소비하면 비용이 된다(예: 미지급임금). 한편 비용을 위해서 지출하는 것을 비용적 지출(cost outlay)이라고 한다면, 그 관계를 다음과 같이 표시할 수 있다.

제조업의 경우를 예로 들면 재료를 구입했을 때에는 (1)이 발생하고, 그것이 제조공정에 투입되어서 소비된 때에는 재료비라는 비용이 발생된다. 그러나 비용(2)의 변화이며, 재료비는 제조 중의 단계를 거쳐서 제품원가의 일부로서 포함된다. 따라서 아직 소멸되고 있지는 않으나, 그 제품이 판매되면 비용으로서 소멸(cost expirations)된다. 더욱이 그것은 판매에 의하여 발생된 것이므로 (3a)효용화된 비용(utilized costs)이며,

좁은 의미에서 비용이라고 말할 때에는 그것을 말한다. 그러나 화재를 당하여 재료나 제품이 타버렸을 때에는 그것은 (3b)로서 소멸된 비용(lost costs), 즉 손실(loss)인 것이다.

비용적 지출(1) → 비용변화(2) → 소멸비용(3) → (3a) 효용화된 비용(좁은 의미)
(3b) 소멸된 비용(손실)

(2) 비용의 분류

비용과 지출과의 관계를 보면 비용은 지출을 수반한다. 그러나 경우에 따라서는 지출을 수반하지 않는 비용도 있다. 예를 들면, 증여를 받는 자산을 감가상각한 경우이다. 그와 같이 비용은 원천적으로 지출을 수반하지만 반대로 지출은 모든 비용에 관련되는가 하면 반드시 관련되지 않을 때도 있다. 비용에 아무 관계가 없는 지출의 대표적인 것이 차입금의 반환이나 자본의 환입이며 그것을 중성적 지출이라고 한다.

<table>
<tr><td rowspan="5">비용</td><td rowspan="2">영업상 비용</td><td colspan="2">매출원가</td></tr>
<tr><td>판매비와 관리비</td><td>급여, 퇴직급여, 복리후생비, 임차료, 접대비, 감가상각비, 무형자산상각비, 대손상각비, 세금과공과, 광고선전비, 연구비, 경상연구개발비 등</td></tr>
<tr><td>영업외 비용</td><td colspan="2">이자비용, 유가증권처분손실, 유가증권평가손실, 재고자산평가손실, 외환차손, 외화환산손실, 기부금, 지분법평가손실, 투자자산처분손실, 유형자산처분손실, 사채상환손실, 법인세추납액</td></tr>
<tr><td>특별손실</td><td colspan="2">재해손실 등</td></tr>
<tr><td>법인세 비용</td><td colspan="2">법인세, 주민세 등</td></tr>
</table>

6) 이익과 손실

손익이란 자본의 증자 · 감자 또는 기타의 자본거래에 의하지 않고 자본이 증감하는 것을 말하는데, 그것에는 이익과 손실이 있다.

이익(profit)이란, 자본주의 증자에 의하지 않고 일정 회계기간 동안의 경영활동의 결과 자본이 증가하는 것을 말한다. 여기서 주의할 것은 이익이 발생하면 자본이 증가하는 것은 사실이나, 반대로 자본이 증가하였다고 해서 반드시 이익이 발생하는 것은 아니라는 것은 아니라는 것이다. 왜냐하면, 그것은 자본주가 자본을 증자하였을 경우에도 자본이 감소하는 경우가 있기 때문이다.

손실(loss)이란, 자본주의 인출 또는 감자에 의하지 않고 일정 회계기간 동안 경영활동의 결과 자본이 감소하는 것을 말한다. 그러나 여기서 주의할 것은 자본이 감소되었다고 해서 반드시 손실이 발생하는 것은 아니기 때문이다. 그것은 자본주가 자본을 인출함으로써 자본이 감소되는 경우도 있기 때문이다. 따라서 손실이란 회계기간 중에 경영상 거래 및 기타로 발생되는 자본의 감소를 말한다. 예를 들면, 유가증권처분손실, 유형자산처분손실, 구매력손실, 외화환산손실 등을 말한다.

4. 회계정보의 기준

1) 회계정보의 의의

회계정보기준(Accounting Information Criteria)이란 회계정보를 측정하거나 평가하는데 지켜야 할 특성을 말하는데, ASOBAT에서는 회계기준, 스나베리(Snavely)는 회계정보기준, 헨드릭센(Handricksen)은 제약기준 등으로 각각 표현하고 있으나, 일반적으로 회계정보기준 또는 회계정보의 질적 특성 등이 주로 사용되고 있으며, 여기에는 회계정보가 지켜야 할 ① 유용성, ② 이해가능성, ③ 목적적합성, ④ 신뢰성, ⑤ 비교가능성 등이 있다.

한편 기업회계기준에 의한 주요 특성에는 ① 신뢰성, ② 이해가능성, ③ 충분성, ④ 계속성, ⑤ 중요성, ⑥ 안전성 등이 일반원칙으로 규정되어 있다.

공통적이고 일반적인 중요한 것을 보면 ① 유용성, ② 이해가능성, ③ 목적적합성, ④ 신뢰성, ⑤ 비교가능성 등을 들 수 있다.

5. 거래의 의의

회계상 거래란 원인의 여하를 막론하고 인위적이든 자연적이든 간에 자산 및 자본 상에 증감·변화를 가져오는 모든 거래현상을 말한다. 따라서 거래에 속하는 것으로는 다음과 같은 것을 들 수 있다.

① 상품의 매매(호텔기업의 경우 객실·식음료판매)
② 상품, 유가증권 등의 시세변동에 따르는 가격변동
③ 건물, 비품 등의 매매가격의 변동
④ 천재, 지변, 도난, 화재 등에 의한 손실 등이 있다.

6. 거래의 이중성과 거래의 8요소

1) 거래의 이중성

거래는 자산과 자본에 증감·변화를 일으킬 때에는 항상 이면적 결과를 일으킨다. 즉 한쪽에 자산이 증가하면 반대쪽은 자산의 감소 또는 부채나 자본의 증가가 같은 금액으로 동시에 발생하는데, 이것을 거래의 이중성이라 한다.

2) 거래의 8요소

회계상 모든 거래는 거래의 이중성에 의하여 서로 대립되는 차변(좌측) 요소와 대변(우측) 요소와의 결합관계에서 발생하는 것이며, 좌측 요소 상호간 또는 우측 요소 상호간에 있어서는 절대로 결합되지 않는다. 그 대립관계를 표시하면 다음과 같다.

차 변	대 변
자산의 증가	자산의 감소
부채의 감소	부채의 증가
자본의 감소	자본의 증가
비용의 발생	수익의 발생

- **거래의 8요소**

차변	대변	거래
자산의 증가	자산의 감소	① 비품을 현금으로 구입하다.
	부채의 증가	② 상품을 외상으로 매입하다.
	자본의 증가	③ 현금을 출자하여 개업하다.
	수익의 발생	④ 임대료를 받다.
부채의 감소	자산의 감소	⑤ 차입금을 현금으로 지급하다.
	부채의 증가	⑥ 현금을 차입하여 외상매입금을 지급하다.
	자본의 증가	⑦ 차입금을 자본금으로 전환하다.
	수익의 발생	⑧ 이자를 받아 외상매입금을 지급하다.
자산의 증가	자산의 감소	⑨ 기업주가 자본금을 현금으로 인출하다.
	부채의 증가	⑩ 기업주의 차입금을 기업의 차입금으로 하다.
	자본의 증가	⑪ 을의 출자금을 갑의 출자금으로 대체하다.
	수익의 발생	⑫ 갑의 출자금의 이자수익과 상계하다.
비용의 발생	자산의 감소	⑬ 급여를 현금으로 지급하다.
	부채의 증가	⑭ 차입금에 대한 이자를 원금에 가산하다.
	자본의 증가	⑮ 사채 이자를 주식으로 교부하다.
	수익의 발생	⑯ 이자를 받아 임차료를 지급하다.

거래요소의 결합관계를 그림과 같이 예를 들어 설명하면 다음과 같다.

예 1 비품 ₩500,000을 현금으로 구입하다.
자산(비품)의 증가 500,000 – 자산(현금)의 감소 500,000

예 2 상품 ₩1,000,000을 외상으로 매입하다.
자산(상품)의 증가 1,000,000 – 부채(외상매입금)의 증가 1,000,000

예 3 현금 ₩3,000,000을 출자하여 영업을 시작하다.
자산(현금)의 증가 3,000,000 – 자본(자본금)의 증가 3,000,000

예 4 사무실 임대료 ₩200,000을 현금으로 받다.
자산(현금)의 증가 200,000 – 수익(임대료)의 발생 200,000

예 5 빌린 차입금 ₩300,000을 현금으로 지급하다.
부채(차입금)의 감소 300,000 – 자산(현금)의 감소 300,000

예 6 외상매입금 ₩1,000,000을 지급하기 위하여 은행으로부터 현금 ₩1,000,000을 차입하다.
부채(외상매입금)의 감소 1,000,000 – 부채(차입금)의 증가 1,000,000

예 7 차입금 ₩800,000을 출자금으로 전환하다.
부채(차입금)의 감소 800,000 – 자본(자본금)의 증가 800,000

예 8 외상매입금을 ₩1,000,000을 수입이자수익과 상계하다.
부채(외상매입금)의 감소 1,000,000 – 수익(이자수익)의 발생 1,000,000

예 9 자본금 ₩900,000을 현금으로 인출해 가다.
자본(자본금)의 감소 900,000 – 자산(현금)의 감소 900,000

예10 차입금 ₩250,000을 영업상의 차입금으로 전환하다.
자본(자본금)의 감소 250,000 – 부채(차입금)의 증가 250,000

예11 출자금 ₩500,000을 갑의 출자금으로 대체하다.
자본의 감소 500,000 – 자본(갑 자본금)의 증가 500,000

예12 퇴사하는 사원 박씨의 자본금 ₩400,000을 그에게 받아야할 이자수익과 상계하다.
자본(자본금)의 감소 400,000 – 수익(이자수익)의 발생 400,000

예13 점원의 급여 ₩350,000을 현금으로 지급하다.
비용(급여)의 발생 350,000 – 자산(현금)의 감소 350,000

예14 차입금에 대한 이자 ₩150,000을 다음 달에 지급하기로 하다.
비용(이자비용)의 발생 150,000 – 부채(미지급금)의 증가 150,000

예15 사채이자 ₩700,000에 대한 주식을 발행하여 교부하다.
비용(이자비용)의 발생 700,000 – 자본(자본금)의 증가 700,000

예16 이자수익 ₩200,000을 받아 집세를 지급하다.
비용(임차료)의 발생 200,000 – 수익(이자수익)의 발생 200,000

7. 거래의 종류

대표적인 거래를 분류하는 데에는 다음 세 가지 방법이 있다.

거래의 분류	외부거래, 내부거래
	교환거래, 손익거래, 혼합거래
	현금거래, 대체거래

1) 자산·부채 및 자본에 증감이 발생하였는가에 따른 분류

(1) 정거래

자산·부채 및 자본에 증감이 실제로 발생한 거래를 말한다.

> 예 현금 ₩100,000으로 상품을 매입하다.

(2) 준거래

자산·부채 및 자본에 증감을 초래할 장래 거래를 말한다.

> 예 상품 ₩100,000을 1개월 후에 매입할 것을 약정하다.

2) 자본영향 유무에 따른 분류

(1) 교환거래

자산·부채에 상계적인 증감이 있을 뿐 자산전체의 가치에는 증감이 없고, 따라서 자본에도 영향을 미치지 않는 거래를 말한다.

> 예 1. 자산 상호간의 경우 : 상품을 현금 ₩100,000으로 매입하다.
> 2. 자산·부채간의 경우 : 상품 ₩100,000을 외상으로 매입하다.
> 3. 부채 상호간의 경우 : 외상매입금 ₩100,000에 대하여 약속어음을 발행·교부하다.

(2) 자본거래

자산상의 증감이 자본에도 동액의 증감을 가져오는 거래를 말하며, 이에는 다음과 같이 두 가지 경우가 있다.

① 출자거래 : 자본의 원입 또는 인출에 의한 거래

예 1. 현금 ₩100,000을 자본금으로 원입하다.
2. 현금 ₩300,000을 인출하다.

② 손익거래 : 경영활동의 결과(원입 또는 인출에 의하지 않고) 자본에 증감을 가져오는 거래로서 동시에 자산에도 동액의 증감을 가져오는 거래를 말한다.

예 1. 이익거래 : 현금 ₩100,000을 임대료로 받다.
2. 손실거래 : 급여 ₩500,000을 현금으로 지급하다.

(3) 혼합거래

혼합거래와 교환거래가 결합되어 하나의 거래를 형성하는 거래를 말한다.

예 차입금 ₩30,000과 이자 ₩1,000을 현금으로 변제하다.
차입금 ₩30,000과 현금 ₩30,000은 교환거래
이자 ₩1,000의 지급은 현금 ₩1,000의 손실이므로 손익거래

3) 거래에서의 현금수수 여부에 따른 분류

(1) 현금거래

현금수수를 수반하는 거래를 말한다.

① 입금거래 : 현금의 수입에 대한 거래

② 출금거래 : 현금의 지출에 대한 거래

예 1. 상품을 현금 ₩50,000에 매출하다.
2. 상품 ₩30,000을 현금으로 매입하다.

(2) 대체거래

현금수수를 수반하지 않는 거래

① 일부대체거래 : 일부만 외상으로 하는 거래

예 1. 일부입금거래 : A상점에 상품 ₩50,000을 매출하고, 반액은 현금, 잔액은 외상으로 하다.
2. 일부출금거래 : B상점으로부터 상품 ₩50,000을 매입하고, 반액은 현금지급, 잔액은 외상으로 하다.

② 전부대체거래 : 전액을 외상으로 하는 거래

예 상품 ₩50,000을 C상점에 외상으로 매출하다.

8. 분개

거래를 보고 어느 계정의 어느 쪽에 얼마의 금액을 기입할 것인가를 결정하는 것을 분개(journalizing)라 한다. 이것은 거래를 직접 계정에 기입하게 되면 기록의 오류 또는 탈루의 위험성이 있기 때문에 계정기입의 준비단계로서 분개라고 하는 기록을 하게 된다. 즉 분개란,

① 회계상의 거래인가를 확인하고,
② 차변 · 대변의 계정과목을 결정하고,
③ 각 계정의 금액을 결정하는 것을 말한다.

분개의 형식은 차변을 좌측에, 대변을 우측으로 하여 각각 날짜 순으로 거래 내용 및 계정과목과 금액을 표시하도록 한다.

1) 계정의 의의

자산 및 자본을 명백히 하기 위하여 이것을 현금, 상품, 외상매출금, 차입금 등과 같이 동일종류 또는 동일성질의 단위로 구별하여 계산하게 되는데, 이와 같은 계산단위를 계정(account)이라 하며, 이 계정을 표시하는 명칭을 계정과목(title of account)이라 하고, 또 그 계정의 자리를 계정계좌라고 한다. 계정의 양식에는 다음과 같이 표준식과 잔액식이 있다.

• **표준식**

○ ○ 계 정

(차변) (대변)

일 자	적 요	분 면	금 액	일 자	적 요	분 면	금 액

• **잔액식**

○ ○ 계 정

(차변) (대변)

일 자	적 요	분 면	차 변	대 변	차 또는 대	잔 액

• **재무상태표**

	차변	대변
자산계정	증가	감소
	잔액	
부채계정	감소	증가
		잔액
자본계정	감소	증가
		잔액

• **손익계산서**

수입계정		발생
		잔액
비용계정	발생	
	잔액	

9. 계정기입의 원칙

거래는 반드시 자산, 부채, 자본의 증감변동을 가져오는데, 이와 같은 증감을 기록할 수 있도록 차변과 대변을 가지고 있는 것이 계정이다. 따라서 어떤 계정의 어느 편에 그 증가와 감소를 기입해야 할 것인가를 결정하지 않으면 안 되며, 이와 같은 기입방법은 다음 표와 같이 표시되는데, 이것을 계정기입의 방칙이라 한다. 또는 분개의 원칙이라고 한다.

1) 자산계정……증가는 차변, 감소는 대변

(차변)	**자산계정** (대변)
증가(+)	감소(-)

2) 부채계정……증가는 대변, 감소는 차변

(차변)	**부채계정** (대변)
감소(-)	증가(+)

3) 자본계정……증가는 대변, 감소는 차변

(차변)	**자본계정** (대변)
감소(-)	증가(+)

4) 손익계정……손익의 발생(증가)는 대변, 이익의 발생(증가)는 차변

(차변)	**손익계정** (대변)
비용의 발생(+)	수익의 발생(+)

예 제

분개는 계정계좌에 기입하는 하나의 준비 단계이므로 즉시 각 계정계좌에 전기되어야 한다. 이때 전기하는 방법은 차변에 분개된 금액은 계정계좌 차변에 전기하고, 대변에 분개된 금액은 그 계정계좌 대변에 전기하여야 한다. 그러나 계정과목만은 분개된 상대방의 계정과목을 기입하지 않으면 안 된다. 이러한 전기방법을 예시하면 다음과 같다.

1. 상품 ₩100,000 현금으로 매입한다.

(차변) 상품 100,000　　　(대변) 현금 100,000

상 품	
현 금 100,000	

현 금	
	상 품 100,000

2. 상품 ₩100,000 외상으로 매입한다.

(차변) 상품 100,000　　　(대변) 외상매입금 100,000

상 품	
외상매입금 100,000	

외상매입금	
	상 품 100,000

답

예 제

다음 거래를 분개하고 원장의 계정계좌에 전기하다.

(1) A는 현금 ₩1,500,000을 투자하여 음식점을 시작하다.
(2) 비품 ₩100,000을 현금으로 구입하다.
(3) 상품 ₩600,000을 현금으로 구입하다.
(4) 현금 ₩700,000을 대한은행에 당좌거래를 개시하고 예입하다.
(5) A는 B에게 현금 ₩100,000을 대여하다.
(6) C상점에 상품원가 ₩600,000을 ₩700,000에 현금매출하다.

답

분 개

	차변		대변	
(1)	현 금	1,500,000	자 본 금	1,500,000
(2)	비 품	100,000	현 금	100,000
(3)	상 품	600,000	현 금	600,000
(4)	당좌예금	700,00	현 금	700,00
(5)	대 여 금	100,000	현 금	100,000
(6)	현 금	700,000	상 품	600,000
			상품매출이익	100,000

계정기입

현 금

차변		대변	
자 본 금	1,500,000	비 품	100,000
제 좌	700,000	상 품	600,000
		당좌예금	700,000
		대 여 금	100,000

자 본 금

차변		대변	
		현 금	1,500,000

비 품

차변		대변	
		현 금	1,500,000

상 품

차변		대변	
현 금	600,000	현 금	600,000

당좌예금

차변		대변	
현 금	700,000		

대 여 금

차변		대변	
현 금	100,000		

상품매출이익

차변		대변	
		현 금	100,000

10. 대차평균의 원칙

거래의 이중성에서 설명한 바와 같이, 모든 거래를 분개하면 각각 차변과 대변의 금액은 동일하기 때문에, 그 분개한 것을 전부 모아 차변·대변의 합계를 산출하여도 대차의 합계는 일치하게 된다. 따라서 원장에 전기하여도 모든 계정의 차변금액의 합계와 대변금액의 합계는 항상 일치하지 않으면 안 된다. 이것은 회계상 대차평균의 원칙 또는 대차평형의 원리라 한다.

따라서 전체계정의 대차합계액이 일치하지 않을 때에는 계산 또는 가정상 오류가 있다는 것을 말하고 있는 것이다. 이러한 관계로 복식부기는 자기기구 안에 도입하여 자기 자신의 오류의 유무를 검증할 수 있게 되어 있다. 이것을 복식부기의 자기통제수단 또는 자기검증수단이라고 한다.

여기서는 특정 서비스업과 그 일정기간의 거래와를 가정하여 거래와 계정기업과의 관련을 예시하고자 한다. 물론 여기에 가정하는 서비스업은 중개업·회계사업·변호사업 등 서비스를 제공하고 그 보수로서 수수료 또는 요금을 받는 업체를 의미한다. 그리고 사무실 및 제설비(린넨 등)를 전부 임차하여 일괄하여 임차료를 지급하는 것으로 예시한다. 이러한 단순한 예를 제시하는 이유는 회계과정의 계산과정을 확실하게 이해하는 데 그 근본적인 목적이 있다.

1) 거래의 발생과 계정기입

(1) 현금 ₩1,000,000을 투자하여 사업을 개시하다.

차) 현　금 1,000,000　　　　(대) 자 본 금 1,000,000

현　금

차변		대변	
①자본금	1,000,000		

자 본 금

차변		대변	
		①현 금	1,000,000

(2) 사무용 소모품 ₩300,000을 현금으로 매입하다.

(차) 소모품비 300,000　　　　(대) 현　금 300,000

소모품비

차변		대변	
②현 금	300,000		

현　금

차변		대변	
①자본금	1,000,000	①소모품비	300,000

(3) 광고비 ₩500,000을 현금으로 지급하다.

(차) 광 고 비 500,000　　　　(대) 현　금 500,000

광 고 비

차변		대변	
③현 금	1,000,000		

현　금

차변		대변	
①자본금	1,000,000	②소모품비	300,000
		③광고비	500,000

(4) 친구로부터 현금 ₩2,000,000을 차입하다.

(차) 현　금 2,000,000　　　　(대) 차 입 금 1,000,000

현　금

차변		대변	
①자본금	1,000,000	②소모품비	300,000
④차입금	2,000,000	③광고비	500,000

차 입 금

차변		대변	
		④현 금	2,000,000

(5) 교통비 ₩20,000을 현금으로 지급하다.

(차) 여비교통비 20,000　　　　(대) 현　금 1,000,000

여비교통비

⑤현　금	20,000		

현　금

①자본금	1,000,000	②소모품비	300,000
④차입금	2,000,000	③광고비	500,000
		⑤여비교통비	20,000

(6) 신문사에 광고를 의뢰하고 광고비 ₩250,000을 후일 지급하기로 하다.

(차) 광 고 비 250,000　　　　(대) 미지급광고비(미지급비용) 250,000

광 고 비

③현　금	500,000		
⑥미지급광고비	250,000		

미지급광고비

		⑥광고비	250,000

(7) 임차료 ₩300,000을 현금으로 지급하다.

(차) 임 차 료 300,000　　　　(대) 현　금 300,000

임 차 료

⑦현　금	300,000		

현　금

①자본금	1,000,000	②소모품비	300,000
④차입금	2,000,000	③광고비	500,000
		⑤여비교통비	20,000
		⑦임차료	300,000

(8) 요금(보수) ₩800,000을 현금으로 받다.

(차) 임 차 료 300,000　　　　(대) 현　금 300,000

임 차 료

①자본금	1,000,000	②소모품비	300,000
④차입금	2,000,000	③광고비	500,000
⑧XX요금	800,000	⑤여비교통비	20,000
		⑦임차료	300,000

현　금

		⑧현 금	800,000

(9) 급여 ₩400,000, 수도광열비 ₩60,000을 현금으로 지급하다.

(차) 급 여	400,000	(대) 현 금	460,000
수도광열비	60,000		
(영업비)			

급 여

차변		대변	
⑨현 금	400,000		

수도광열비

차변		대변	
⑨현 금	60,000		

현 금

차변		대변	
①자본금	1,000,000	②소모품비	300,000
④차입금	2,000,000	③광고비	500,000
⑧XX요금	800,000	⑤여비교통비	20,000
		⑦임차료	300,000
		⑨제 좌	460,000

(10) 친구로부터 차입금 중 원금 ₩1,000,000, 이자 ₩50,000을 현금으로 지급하다.

(차) 차 입 금	1,000,000	(대) 현 금	1,050,000
이자비용	50,000		

급 여

차변		대변	
⑩현 금	1,000,000	④현 금	2,000,000

이자비용

차변		대변	
⑨현 금	50,000		

현 금

차변		대변	
①자본금	1,000,000	②소모품비	300,000
④차입금	2,000,000	③광고비	500,000
⑧XX요금	800,000	⑤여비교통비	20,000
		⑦임차료	300,000
		⑨제 좌	460,000
		⑩제 좌	1,050,000

(11) 요금(급여) ₩1,100,000을 현금으로 받다.

(차) 현 금	1,100,000	(대) XX요금	1,100,000

임 차 료

차변		대변	
①자본금	1,000,000	②소모품비	300,000
④차입금	2,000,000	③광고비	500,000
⑧XX요금	800,000	⑤여비교통비	20,000
⑪X요금	1,100,000	⑦임차료	300,000
		⑨제 좌	460,000
		⑩제 좌	1,050,000

XX요금(수익계정)

차변		대변	
		⑧현 금	800,000
		⑪현 금	1,100,000

(12) 주인이 현금 ₩200,000을 인출하다.

(차) 인 출 금 200,000 (대) 현 금 200,000

인 출 금

⑫현 금 200,000	

현 금

①자본금 1,000,000	②소모품비 300,000
④차입금 2,000,000	③광고비 500,000
⑧XX요금 800,000	⑤여비교통비 20,000
⑪XX요금 1,100,000	⑦임차료 300,000
	⑨제 좌 460,000
	⑩제 좌 1,050,000
	⑫인출금 200,000

위의 원장은 분개할 때마다 원장에 전기하는 과정을 습득하기 위하여 일일이 원장에 전기하였으나, 여기서는 각 계정을 일람표시하면 다음과 같다.

미지급광고비

일자	적 요	분면	금 액	일자	적 요	분면	금 액
					③광고비		250,000

현 금

일자	적 요	분면	금 액	일자	적 요	분면	금 액
	①자본금		1,000,000		②소모품비		300,000
	④차입금		2,000,000		③광고비		500,000
	⑧XX요금		800,000		⑤교통비		20,000
	⑪XX요금		1,100,000		⑦임차료		300,000
					⑨제 좌		460,000
					⑩제 좌		1,050,000
					⑫인출금		200,000

차 입 금

일자	적 요	분면	금 액	일자	적 요	분면	금 액
	⑩현 금		1,000,000		④현 금		2,000,000

여비 · 교통비

일자	적 요	분면	금 액	일자	적 요	분면	금 액
	⑤현 금		20,000				

광 고 비

일자	적 요	분면	금 액	일자	적 요	분면	금 액
	③현 금		500,000				
	⑥미지급광고비		250,000				

소모품비

일자	적 요	분면	금 액	일자	적 요	분면	금 액
	②현 금		300,000				

임 차 료

일자	적 요	분면	금 액	일자	적 요	분면	금 액
	⑦현 금		300,000				

자 본 금

일자	적 요	분면	금 액	일자	적 요	분면	금 액
					①현 금		1,000,000

인 출 금

일자	적 요	분면	금 액	일자	적 요	분면	금 액
	⑫현 금		200,000				

XX요금

			⑧현 금		800,000
			⑪현 금		1,100,000

급 여

⑨현 금		400,000			

이자비용

⑩현 금		50,000			

수도광열비

⑨현 금		60,000			

2) 시산표의 작성

시산표란, 이미 설명한 대차평균의 원리에 의거하여 원장전기의 正否를 자동적으로 검증하기 위한 표를 말한다. 즉 분개장의 차변과 대변은 한 건의 거래에 대하여 언제나 그 금액은 동일하다. 따라서 모든 거래의 차변합계와 대변합계도 동일하다.

그러면 분개장에서 분개한 과목이 원장의 각 계정계좌 대변과 차변에 그대로 전기되어 있으므로 분개장의 차변·대변의 각 합계는 원장의 모든 계정의 차변금액 합계와 대변금액 합계와도 일치하지 않을 수 없다. 만약 일치하지 않을 때에는 전기할 때 잘못되었다는 것을 증명하는 것이다.

시산표상에서 나타나는 오류에는 분개에 있어서 대차불일치의 기입오류와 특수분개장에 있어서 금액집계상의 오류로 나타나는 분개장에서의 오류와, 전기의 탈락, 전기금액의 오기, 대차가 잘못된 전개, 계정집계상의 오류로 분류되는 원장에서의 오류와, 원장에서 시산표에 이기할 때의 오류, 계정에서 이기할 때 대차가 반대로 된 경우, 시산표상의 계산오류로 인한 시산표에서의 오류 등 세 가지의 종류로 대별되어진다. 이러한 대차평균의 원리를 응용하여 오류의 유무를 검증하기 위하여 작성하는 표가 시산표이다.

그러므로 결산시에는 반드시 시산표를 작성하여 원장기입의 正否를 확인하지 않으면 안 된다. 왜냐하면 전술한 바와 같이 복식부기에 있어서는 결산이 원장을 중심으로 실시되고 있기 때문에, 만약 원장기입이 정확하지 못하면 원장에서 산출되는 결과도 정확하지 못하기 때문이다.

시산표에는 ① 합계시산표, ② 잔액시산표, ③ 합계잔액시산표 등이 있다.

(1) 합계시산표

분개장의 차변합계 및 대변합계와 원장 계정의 차변합계 및 대변합계가 서로 일치하고 있는가의 여부를 검토하기 위하여 원장에 기재되어 있는 모든 계정의 차변과 대변의 금액을 합계하여 하나의 표로 표시한 것을 말한다. 이때 그 합계액은 분개장의 최종합계액과 일치되는 것이 원칙이므로, 이 양자를 대조하여 일치하지 않을 때에는 전기할 때 오류 또는 누락이 있다는 증거가 된다.

(2) 잔액시산표

이것은 총계정원장의 각 계정계좌마다 차변과 대변과의 잔액을 계산하여 이것을 한 표에 집계하여 작성한 것을 말한다. 즉 "같은 수에서 같은 수를 차감한 잔액은 서로 같다."는 수학적 이유를 기초로 작성한 것이다. 따라서 차변과 대변의 일치 여부를 알기 위한 표인 동시에 그 내용은 영업기간의 영업성적을 알 수 있고, 기말의 재산상태도 파악할 수 있다는 장점이 있다. 그러나 일면 그 대차의 합계액은 분개장의 합계액과 일치하지 않으므로, 만약 분개장에 분개 기입된 한 거래의 대차가 모두 원장에 전기되어 있지 않았을 경우에는 이것을 발견할 수 없는 결점이 있다.

(3) 합계잔액시산표

합계시산표와 잔액시산표를 한 표에 표시한 시산표로서, 그 합계란에 의하여 거래의 총액을 알 수 있는 동시에 잔액란에 의하여 재정 현황의 개요를 대개 파악할 수 있다는 장점이 있다.

시산표에 대한 자세한 설명은 장을 바꾸어 할 예정이며, 여기서는 앞의 <예제>에 의하여 합계잔액시산표만을 작성한다.

- 합계잔액시산표

(차변)			20XX년 12월 31일	(대변)	
잔 액	합 계	원면	계정과목	합 계	잔 액
2,070,000	4,900,000	1	현금	2,830,000	
	1,000,000	2	차입금	2,000,000	1,000,000
		3	미지급광고비	250,000	250,00
		4	자본금	1,000,000	1,000,000
200,000	200,000	5	인출요금		
		6	XX요금	1,900,000	1,900,000
300,000	300,000	7	소모품비		
750,000	750,000	8	광고비		
20,000	20,000	9	여비교통비		
300,000	300,000	10	임차료		
400,000	400,00	11	급여		
60,000	60,000	12	수도광열비		
50,000	50,000	13	이자비용		
4,150,000	7,980,000			7,980,000	4,150,000

(4) 시산표의 검사방법

시산표를 작성하고, 그 대변과 차변이 일치하지 않을 경우에는 그 원인을 발견하여야 한다. 다음과 같은 순서로 검사하면 쉽게 발견할 수 있다.

① 시산표의 합계계산에 오류가 있지 않은가 검산

② 시산표의 각 계정합계를 원장상의 당해 계정과의 대조

③ 원장계정계좌의 합계 또는 잔액의 검산

④ 분개장의 원면란의 검사

⑤ 원장계정의 전기이월을 전기말 B/S와 대조

그런데 다음과 같은 경우에는 시산표에 의해서도 발견할 수 없는 경우가 있다.

① 원장에 전기할 때 대차쌍방의 기입을 누락하였을 경우
② 원장에 전기할 때 중복하여 기입하는 경우
③ 원장에 전기할 때 대차쌍방에 다 같이 숫자를 오기하였을 경우
④ 계정과목을 잘못 전기하였을 경우
⑤ 대차쌍방을 반대로 기입하였을 경우 등이다.

11. 거래의 기록

회계의 목적은 이해관계자들의 경제적 의사결정에 공헌할 수 있는 재무적 정보를 마련하여 제공하는 데 있는 것으로 이해한다면 회계정보는 궁극적으로 이해관계자들의 이용목적에 유익한 유용성(usefulness)을 갖지 않으면 안 된다. 정보이용자들에게 대한 유용한 회계정보의 제공이 회계의 본질적 목적이라 할 수 있으며, 따라서 유용성은 회계정보를 평가하기 위한 가장 '근본적인 기준'이며 또한 '최상위의 기준'이 된다. 회계정보의 유용성은 본질적으로 회계정보이용자와 그 이용목적을 전제로 하는 개념이다. 어떤 정보가 다른 것에 비하여 언제나 유용하다고 할 수는 없다. 어떤 이용목적에는 가장 유용한 회계정보라도 다른 목적에는 무용한 것이 될 수도 있으며, 그 반대의 경우도 얼마든지 있을 수 있다. 재무회계기준심의회(FASB)는 재무회계개념보고서 제2호(Statement of Financial Accounting Concept No. 2 : 1980)에서 회계정보의 질적 특성(qualitative characteristics of accounting information)이라고 하여 회계정보의 유용성을 증대시키는 질적 특성을 예시하고자 한다.

기업회계기준		
	(1) 기업회계 일반원칙	① 신뢰성의 원칙 ② 이해가능성의 원칙 ③ 충분성의 원칙 ④ 계속성의 원칙 ⑤ 중요성의 원칙 ⑥ 안전성의 원칙
	(2) 재무상태표 작성기준	① 구분표시의 기준 ② 총액표시의 기준 ③ 1년 구분의 기준 ④ 유동성배열의 기준 ⑤ 잉여구분의 기준(자본잉여금과 이익잉여금) ⑥ 특정비용이연의 기준 ⑦ 대차조표 표시능력의 기준
	(3) 손익계산서 작성기준	① 발생주의의 기준(실현주의의 원칙 포함) ② 수익 · 비용대응의 기준 ③ 총액주주의 기준 ④ 구분계산의 기준

Chapter 13

재무상태표 작성 및 분석

1. 재무상태표 작성기준

재무상태표의 양식에는 계정식과 보고식이 있으며, 우리나라 '기업회계기준'에서는 보고식을 원칙으로 하되, 계정식도 사용가능하도록 규정하고 있다.

우리나라 기업회계기준은 재무상태표의 작성기준으로서 다음 7가지를 들고 있다.

① 구분표시의 기준 : 재무상태표는 자산 · 부채 및 자본으로 구분하고, 자산은 유동자산 및 고정자산으로, 부채는 유동부채 · 고정부채로, 자본은 자본금 · 자본잉여금 · 이익잉여금 및 자본조정으로 각각 구분한다.

② 총액표시의 기준 : 자산 · 부채 및 자본은 총액에 의하여 기재함을 원칙으로 하고, 자산의 항목과 부채 또는 자본의 항목과를 상계함으로써 그 전부 또는 일부를 재무상태표에서 제외하여서는 아니 된다.

③ 1년 구분의 기준 : 자산과 부채는 1년을 기준으로 하여 유동자산 또는 고정자산, 유동부채 또는 고정부채로 구분하는 것을 원칙으로 한다.

④ 유동성 배열의 기준 : 재무상태표에 기재하는 자산과 부채의 항목 배열은 유동성 배열법에 의함을 원칙으로 한다.

⑤ 잉여금구분의 기준 : 자본거래에서 발생한 자본잉여금과 손익거래에서 발생한 이익잉여금은 혼동하여 표시하여서는 안 된다.

⑥ 특정비용 이연의 기준 : 장래의 기간이 수익과 관련이 있는 특정한 비용은 차기 이후의 기간에 배분하여 처리하여 위하여 재무상태표에 자산으로 기재할 수 있다.

⑦ 재무상태표 표시 능력의 기준 : 가지급금 또는 가수금 등의 미결산 항목은 그 내용을 나타낸다.

재무상태표를 작성할 때에는 총액주의, 1년 기준, 유동성배열법 등에 의한다. 유동성 배열법이란 현금으로의 전환속도가 빠른 것부터 순서적으로 표시함을 뜻한다.

1년 기준이란 1년 이내에 현금화되는 것은 유동자산(또는 유동부채)으로, 1년 이후에 현금화되는 것은 비유동계정으로 표시함을 뜻한다. 이는 정상영업 순화주기의 실무적용상 문제점으로 인하여 도입된 개념이다.

재무상태표(balance sheet)는 가장 기초적인 재무보고서로 주어진 시기의 자산균형을 보여준다. 급식소의 자산 중 현금, 재고, 고정자산 등의 현황과 지출해야 할 채무, 그리고 그 차액의 현황을 보여 준다. 총 자산의 합과 채무와 균형자금의 합이 일치해야 하는 기본 회계방정식을 원리로 작성된다.

회계방정식 : 자산 = 부채 + 자본

1) 자 산

자산은 회계기간 내에 현금화가 가능한 유동자산과 가능하지 않은 고정자산으로 분류된다. 유동자산에는 대표적으로 현금, 외상매출, 재고 등이 포함되며, 고정자산에는 토지, 건물, 기구 등이 포함된다.

2) 부 채

부채는 회계기간 내에 갚아야 하는 단기부채와 갚지 못하는 장기부채로 분류된다. 단기부채의 예로 외상매입금이 포함된다.

3) 자 본

자본은 자산에서 채무를 차감한 남은 금액으로 균형자금이라고도 부른다. 주식 등의 항목 외에 손익보고서의 당기순이익도 자본 항목에 포함된다.

재 무 상 태 표

2xxx. 12. 31.

*** 고등학교 급식소 단위 : 천원

Ⅰ. 자산		Ⅱ. 채무	
현금	50,000	외상매입금	5,000,000
외상매출	3,000,000	급료지불액	2,000,000
재고	2,500,000	장기대부이자	50,000
기구	5,000,000		
(감각상각비)	50,000	Ⅲ. 균형자금	3,450,000
합계	10,500,000	합계	10,500,000

Chapter 14 손익계산서 작성 및 분석

1. 손익계산서 작성기준

재무상태표와 같이 보고식과 계정식이 있으나, 우리나라 기업회계기준에서는 보고식만을 허용하고 있다.

① 발생주의의 기준 : 모든 수익과 비용은 그것이 발생한 기간에 정당하게 배분되도록 처리하여야 한다. 다만, 수익은 실현시기를 기준으로 계상하고, 미실현수익은 당기의 손익계산에 산입하지 아니함을 원칙으로 한다.

② 수익 · 비용대응의 기준 : 수익과 비용은 그 발생원천에 따라 명확하게 분류하고 각 수익항목과 이에 관련되는 비용항목을 대응표시하여야 한다.

③ 총액주의의 기준 : 수익과 비용은 총액에 의하여 기재함을 원칙으로 하고 수익항목과 비용항목을 직접 상계함으로써 그 전부 또는 일부를 손익계산서에서 제외하여서는 안 된다.

④ 구분계산의 기준 : 손익계산서는 매출 총손익, 영업 손익, 경상손익, 법인세차감전순손익과 당기 순손익으로 구분 표시하여야 한다. 다

만, 제조업, 판매업 및 건설업 이외의 기업에 있어서는 매출 총손익의 구분표시를 생략할 수 있다.

손익보고서(profit and loss statement, income statement)는 일정기간 동안의 기업의 경영성과를 나타낸다. 손익계산서는 일정기간 동안의 수익과 비용의 이름을 표현한 것으로 수익은 총매출액을 의미하고 비용은 수익을 발생시키기 위하여 지출한 비용이다. 순이익은 발생한 수익에서 비용을 차감한 것이다. 즉 회계기간 동안의 수입, 지출, 순이익의 관계를 보여준다. 전년 또는 전 회계기간과의 비교분석으로 수입과 지출의 현황을 살펴 원가관리에 도움을 준다. 식재료비와 인건비가 수입에서 얼마만큼 차지하는지 퍼센트 분석을 실시하기 위해서는 지출항목별로 분류하여 기록하고 총수입에 있어서의 퍼센트를 보여주는 것이 좋다. 손익계산서의 기본 형식은 다음과 같다.

매출액
−매출원가
매출총이익
−판매비 및 일반관리비
영업이익
+영업외수익
−영업외비용
경상이익
특별이익
특별손실
법인세 차감전 순이익
−법인세 등
당기순이익

손 익 보 고 서

20××. 1. 1. - 20××. 12. 31

**고등학교급식소 단위 : 천원

Ⅰ. 총매출	
매출액	699,864
사내매출액	--
Ⅱ 재료비	481,835
Ⅲ. 인건비	77,603
상여금	1,427
퇴직금	1,206
일용직잡금	69,196
복리후생비	5,774
Ⅳ. 경비	124,572
수도광열비	15,421
소모품비	5,556
생산소품비	12,065
수선비	1,568
행사비	68
교육훈련비	1,382
여비교통비	1,456
통신비	1,839
잡비	4,226
지급임차료	97
지급수수료	2,035
전산용역비	1,948
외주용역비	3,055
감가상각비	47,794
세금과공과	25,196
보험료	866
Ⅴ. 총원가	684,010
Ⅵ. 경상이익	15,854

1) 수 익

수익은 매출액, 영업외수익, 특별수익으로 구성된다. 상품 등의 판매 또는 용역의 제공으로 획득된 금액이다. 손익보고서상의 매출은 순매출액(net price)으로서 총매출액(gross sales)이 아닌데, 순매출액은 총매출액에서 메출 에누리와 환입을 차감한 것이다.

영업외 수익은 기업의 주요 영업활동과 관련 없이 발생하는 수익이다. 특별이익은 불규칙적으로 비반복적으로 발생하는 이익으로 부동산 처분 시 구입시보다 비싼 가격에 팔아 남은 차익 등이 속한다.

2) 비 용

비용에는 매출 원가, 판매비와 일반관리비, 영업외 비용, 특별손실, 법인세 등이 있다. 판매비는 판매활동에 따른 비용으로 관련 직원의 급여, 광고비, 판매수수료 등이 있고 일반관리비는 기업의 관리와 유지에 따른 비용으로 일반직원의 급여, 보험료, 감가상각비, 교통·통신비, 임차료 등이 있다. 영업외 비용은 기업의 주요 영업활동에 직접 관련되지 않은 부수적 활동에 따라 발생하는 거래로 나타나는 비용으로 지급이자, 매출할인 등이 포함된다. 특별손실은 불규칙적·비반복적으로 발생하는 손실로 자산처분 손실, 재해 손실 등이 있다. 세금은 개인이 영업활동 결과 얻은 소득을 바탕으로 내는 사업소득세와 법인이 내는 법인세가 있다.

매출분석은 매출액의 증감 추이를 살펴 그 원인을 파악하고 물리적인 시설의 가치나 좌석의 수 또는 투자의 규모에 적합한 판매인지를 파악할 수 있도록 해 준다. 매출분석은 항목별로 지난 몇 년 동안의 매출과 비교하여 증감을 평가할 수도 있으며 다음의 여러 가지 비율을 계산할 수 있다.

	당해	지난해	증감	증감률
순음식매출 순음료매출	800,000 200,000	750,000 210,000	50,000 (10,000)	6.67% (4.76%)

• 평균매출액

$$평균고객지불가격 = \frac{매출액}{고객의수}$$

• 좌석회전율

$$좌석회전율 = \frac{고객의수}{좌석의수}$$

너무 낮은 좌석회전율은 더 많은 고객의 유치가 필요하다는 것을 의미하며, 너무 높은 회전율은 사업 확대의 필요를 나타낸다.

원가비율은 같은 업체의 과거 비율, 설정 목표, 또는 다른 업체의 비율과 비교될 수 있다. 비용은 변동비, 준변동비, 고정비로 나누어 생각할 수 있는데, 재료비 같은 변동비는 판매량과 다소 직접적인 관계가 있다. 인건비와 같은 반변동비는 매출액에 변화를 주나 식음료원가와 같지는 않다. 관리자는 판매에 대한 인건비의 비율이 어느 정도 적합한지를 알아야 한다. 인건비가 너무 낮다는 것을 업체가 너무 적은 인원을 고용하고 있어 고객에게 수준이하의 음식과 서비스를 제공하고 있다는 의미일 수 있다.

원가비율을 다른 업체와 비교할 때 주의할 점은 업체의 유형이 유사한가이다. 즉 패스트푸드점과 고급레스토랑의 원가비율은 상당히 다를 수 있다. 또한 비교 대상 업체가 동일한 회계분류를 사용하고 있는지도 사전에 알아보고 비교하여야 한다.

TEST YOUR SKILL

A. 지역 간선도로에서 작은 레스토랑을 운영하고 있다.
세 끼의 식사시간의 매일 판매를 기록하고 있다.
또한 같은 시간대에 대접되어지는 손님들의 수도 기록하고 있다.
이번 주 판매기록을 끝낼 수 있도록 이 형식을 완성하시오.

현찰 판매						
	월	화	수	목	금	총액
아침 7 - 11 A.M	18,950	20,533	19,722	24,160	?	104,800
점심 11A.M - 3P.M	48,790	?	59,620	?	79,982	?
저녁 3P.M - close	71,522	48,751	62.280	68,590	79,240	?
총합계	?	129,904	?	152,750	?	?

고객수						
	월	화	수	목	금	총
아침 7-11 A.M	48	52	50	60	54	?
점심 11A.M - 3P.M	81	97	?	83	120	501
저녁 3P.M - close	65	?	68	62	?	325
총합계	?	199	238	?	254	?

답

답안지 참조

예 제

다음은 C호텔(주)의 5월 거래의 내용이다. 분개, 계정, 손익계산서, 재무상태표를 작성하시오.

1일 : 보통주식 500주(주당 액면가액 5,000원)를 액면발행하고 현금 2,500,000원을 현금으로 받다.

2일 : 은행으로부터 500,000원을 융자받다(융자기간은 1년이며 이자율은 연 12%).

3일 : 토지 및 건물 5,000,000원을 구입하고 1,000,000원은 현금지급하고, 나머지는 1년 만기어음(이자율 12%) 발행지급하다. 시가에 의한 토지와 건물의 평가비율은 2:3이다.

6일 : 건물의 대대적 보수를 행하고 300,000원은 수표발행지급하고, 700,000원은 3개월 후에 지급하기로 한다.

8일 : 5월 중 광고료 20,000원을 현금지급하다.

10일 : 객실수입으로 현금 300,000원을 수취하다.

16일 : 급료 200,000원을 지급하다.

18일 : 수도요금 5,000원을 지급하다.

20일 : 유가증권 140,000원어치를 취득하다.

22일 : 식음료 수익으로 현금 200,000원을 수취하고 연회대금 30,000원은 2개월 후에 받기로 하다.

23일 : 보험료 10,000원을 지급하다.

24일 : 식음재료 100,000원을 구입하고 대금 중 절반은 현금지급하고, 나머지는 2개월 후에 지급하기로 하다.

25일 : 소모품 15,000원어치를 현금구입하다.

26일 : 객실수익 200,000원, 식음료수익 150,000, 임대료수익 50,000을 올리다. 이 중 객실수익 중 80,000은 외상판매이고 나머지는 모두 현금수령하다.

27일 : 전기료 43,000원을 현금지급하다.

30일 : 20일 취득한 유가증권 중 절반을 90,000원에 처분하다.

답

답안지 참조

Chapter 15

예·결산 작성 및 분석

□ 재무상태표의 예(미국 레스토랑)

자산(Assets)

유동자산(Current Assets)			
현금(Cash)			
예치현금	8,500		
예금	30,000	38,500	
외상매출금(Accounts Receivable)			10,000
재고(Inventory)			
식품(Food)	40,000		
음료(Beverage)		25,000	
기타	10,000	75,000	
선급보험료		9,000	132,500
고정자산(Fixed Assets)			
토지		120,000	
건물	700,000		
(감가상각비)	105,000	595,000	
기구	495,000		
(감가상각비)	200,000	295,000	
기타		45,000	1,055,000
총자산			1,187,500

부채(Liabilities) 자본(Owner's Equity)

단기부채		
외상매입금(Accounts Payable)	254,000	
할부지급금	50,000	304,000
장기부채		539,000
총부채		843,000
자본		
자본금	200,000	
이익잉여	144,500	344,500
총액		1,187,500

□ 손익계산서의 예(미국 레스토랑)

판매액		
음식	800,000	80.0
음료	200,000	20.0
총판매액	1,000,000	100.0
식재료비		
음식	320,000	32.0
음료	50,000	5.0
총식재료비	370,000	37.0
통제가능 비용		
고정종업원 봉급	270,000	27.0
상여금	40,000	4.0
직접운영비	50,000	5.0
마케팅비	27,000	2.7
에너지비	40,000	4.0
행정비	38,000	3.8
수선유지비	20,000	2.0
	485,000	48.5
통제불가능 비용		
임대비	62,000	6.2
이자비	10,000	1.0
세금	11,100	1.1
당기순이익	62,900	6.2

□ 회계적 거래의 T-계정

5/1 식음료 수입 200,000원을 현금으로 받다.

5/3 식재료 50,000원을 외상매입하다.

5/5 수도비 5,000원을 현금지급하다.

5/8 연세은행으로부터 500,000원을 현금융자받다.

5/10 임시직 급료 40,000원을 현금지급하다.

5/15 식음료 수입 100,000원을 외상매출하다.

5/17 소모품비 15,000원을 현금지급하다.

5/28 전기비 10,000원을 현금지급하다.

답

답안지 참조

□ 분석기법

• 식음재료비 분석

식음재료비	200X-1	%	200X	%
육류 및 생선류	343,063	13.5	297,488	12.9
과일 및 야채류	127,060	5.0	94,550	4.1
유제품	40,660	1.6	55,347	2.4
베이커리	22,870	0.9	16,142	0.7
기타	233,790	9.2	249,060	10.8
음료	96,566	3.8	94,550	4.1
총계	864,009	34.0	807,137	35.0

식음재료비	200X-1 %	200X %	차이
육류 및 생선류	13.5	12.9	+0.6
과일 및 야채류	5.0	4.1	+0.9
유제품	1.6	2.4	-0.8
베이커리	0.9	0.7	+0.2
기타	9.2	10.8	-1.6
음료	3.8	4.1	-0.3
총계	34.0	35.0	-1.0

시간	판매액	고객수	종업원	객단가	평균좌석 회전율	시간당 종업원 서빙수	시간당 종업원 판매액
8-11	600	150	20	4,000	1.5	7.5	30,000
11-3	1,200	200	30	6,000	2.0	6.7	40,000
3-8	300	150	25	5,330	1.5	6.0	32,000
8-11	250	100	10	2,500	1.0	10.0	25,000
총계	2,350	600	85	4,750	6.0	7.1	33,530

	2006	2007	2008	2009	2010 예산
1월	41.1	40.3	40.0	40.4	40.0
2월	39.8	39.8	39.7	40.1	39.5
3월	39.3	39.3	39.4	39.7	39.5
4월	39.1	39.6	39.1	39.3	39.0
5월	38.7	38.8	38.5	38.7	39.0
6월	39.5	39.7	39.9	39.4	39.5
7월	40.3	41.8	40.2	40.1	40.0
8월	42.0	42.8	41.9	41.2	41.0
9월	39.1	40.1	41.0	40.0	40.0
10월	39.6	39.6	39.1	39.5	39.5
11월	39.8	39.4	39.5	39.2	39.5
12월	39.2	38.8	39.1	38.7	39.0
평균	39.3	39.7	39.6	39.7	39.6

Guest Check
(고객체크리스트)

Unit Name: ______________________________

Phone: xxx-xxxx

Date	Table	Server	Guests	Check Number
Date	Table	Server	Guests	Check Number

Guest Check Control
(고객체크검증양식)

Unit Name: ______________________________

Date: ________________ Shift: ____________________

Check Numbers Issued		Issued To	Check Numbers Returned		Checks Used	Number Accounted for	Number Missing
From	To		From	To			

Unaccounted Check:

Check Number	Issued To	Explanation	Manager's Initials

□ 목적 : 계획 / 조정 / 통제

□ variance analysis

	결산	예산	차액	원인분석
판매액	114,994	120,000	(5,006)	경쟁업소 출현 연회취소
식재료비	49,500	53,700	4,200	주문량 감소
총이익	65,494	66,300	(5,806)	
급여	27,950	28,350	400	업무시간 감소
상여금	11,100	11,325	225	업무시간 감소
에너지비	3,200	3,200	0	
자재비	3,650	3,800	200	
감가상각비	16,579	16,579	0	
이자비	100	100	0	
세금	1,457	1,473	16	
당기순이익	1,458	1,473	(16)	원가관리 메뉴개발 필요

- 과거의 기록
- 급식수의 변동
- 운영절차의 변화
- 국가정책의 변화
- 경제지수
- 메뉴의 변화
- 식재료비와 인건비의 변화
- 급식비의 변화

급식운영 예산 작성을 위해서는 수입, 식재료비의 비율, 인건비 등에 대하여 과거의 4년 동안 기록을 월별로 분석한 후에 유동성 있게 작성하는 것이 바람직하다. 또한 다음의 흐름과 같이 결산과의 차이를 분석, 수정, 보완하여야 한다.

Sweeny와 Wisner(1975)는 예산과 이익의 관계를 연구했으며, 예산목표와 영업이익 달성을 위해 관리자들은 다양한 정보를 가지며, 예측치 못한 개발계획과 많은 불미스러운 사건들에 대처할 자세가 되어 있어야 한다고 했다. 또한 새로운 사항에 대해서 수정된 예산결과 수립과 이익에 대한 영향요소를 인식해야 한다.

1. 운영예산(Operating budget)

운영예산의 계획은 정상운영활동으로 기대되는 특정주기에 대한 수익 및 비용에 대한 계획이다. Sneed와 Kresse(1989)는 운영예산을 수입의 계획, 비용 그리고 특정주기에 대한 이익이라고 밝혔다. 효과적인 운영예산을 위한 것은 참여와 도전, 동기부여, 융통성, 그리고 의무이행능력의 적응 등이 있어야 한다고 보고되었으며, Kaud(1983)는 매달 운영명세서는 예측된 운영예산과 비교해야 한다고 지적하였다.

2. 자본예산(Capital budget)

자본예산편성은 자산이나 설비 그리고 그밖에 주요시간, 지난해의 지출을 참고한 계획 또는 프로젝트의 취득에 대한 계획을 수립하는 것이다. 자본지출예산(capital expenditure budget)은 고정자산에 대한 미래투자 계획으로 확장, 개선 향상, 설비의 교체 및 구입, 구 시설의 개축, 조직구성원을 위한 교육프로그램의 개발 등이 포함되며, 조직 및 조직목표 달성에 장기적 효과를 주는 거액의 지출을 포함한다. 이러한 자본지출계획은 보통 한 회계기간보다 훨씬 긴 기간을 포함하므로 적어도 3년 주기로 매년지출이 평가되어 준비해야 한다. 자본지출의 결정은 원가와 수익분석, 지불주기, 내부순환비율 등이 사용되어야 하며, 자본예산편성 의사결정은 미래 기업의 성공에 영향을 주고 기업의 장기정책에 영향을 주기도 한다. 자본예산은 여러 예산들과 몇 가지 다른 점이 있으며, 거액의 자금이 소요되기도 한다.

TEST YOUR SKILL

A. 지방에 있는 조그마한 지역학교에서 급식을 관리하고 있다. 그는 대략 하루에 다른 세 지역에서 1,000여 명의 학생들에게 급식을 제공한다. 학기 초에 감독관에 의해 정해지는 자그마한 양의 예산안은 주방가재도구 구입과 주방 개조에 사용되어질 예정이다. 예산안을 결정하도록 도와주어라.

항목	예산	결산	%of Budget
Meals served	290,000	146,000	?
지출			
식음재료비	170,000	84,000	?
인건비	125,000	63,000	?
기타	60,000	31,000	?
총 지출	355,000	?	?
Reserve 저축	5,000	?	—

식기 구입비용을 지급할 것 같은가? 그래서 샐러드 바를 살 것 같은가?

답

답안지 참조

B. 아래에 주어진 정보를 통해 레스토랑의 P&L 칸을 채우시오. 재정상 그 해에 개업시기에 판매가격이 5% 증가하였다는 것을 가정하고 지난해에 걸쳐 올해 증가분을 계산하시오.

만약 경제적 효과상 아무런 변화가 없다고 가정할 때, 하지만 재정상의 그 해에 개업시기에 판매가격이 5% 인상되었고 같은 시기에 근로비용이 10% 증가하였다는 가정할 때 분석하시오.

(단위: 천원)

	P&L			
	올해	%	작년	%
판매	2,135,000	100%	1,865,000	100%
식음재료비	?	31	?	33
인건비	671,000	?	540,000	?
기타 지출	?	21	?	23
이익	?	?	?	?

답

답안지 참조

C. 대학가에서 피자가게를 운영한다.

학교가 학기 중인지 학기 중이 아닌지에 따라 크게 변화한다.

수출과 비용을 예산하는 것은 그녀에게 극도로 중요하다.

수입과 지출 두 가지를 사분기를 기준으로 같이 예산한다.

사분기의 예산을 각각 계획하시오.

1. 사분기 각각 대접한 손님들은 5% 증가
2. 사분기 각각 음식의 비용 3% 증가
3. 네 번째 분기에만 근로비용 10% 증가
4. 네 번째 분기에만 손님당 평균적 판매는 5% 증가

Last Year' s Results				
Elizabeth' s Pizza Parlor				
	Quarters (단위: 천원)			
	1	2	3	4
판매	192,000	189,000	117,000	209,000
음식 지출	65,000	30,000	41,000	73,000
노동 지출	57,000	56,000	35,000	62,000
기타 지출	38,000	37,000	23,000	41,000
총 지출	?	?	?	?
이익	?	?	?	?
Guest served	3,000명	3,000명	1,700명	3,100
Average sale per guest	64	63	68	67

답

답안지 참조

Goal Value Analysis
(목표가치분석양식)

Unit Name: ______________________________

Date: ____________________

Rank	Item	A	B	C	D	Goal Value
1						
2						
3						
4						
5						
6						
7						

Target Goal Value: _____________ Completed by: _______________

Labor Recap
Actual Versus Budgeted Labor Cost
(인건비분석양식)

Unit Name: ______________________

Week	Sales			Labor Cost			Larbor Cost %	
	Budgeted	Actual	% of Budget	Budgeted	Actual	% of Budget	Budgeted	Actual
1								
2								
3								
4								
Total								

Performance to Budget Summary
(예산분석양식)

Unit Name: ______________________________

Item	Budget	Actual	% of Budget
Meals served			
Income			
Food expense			
Labor expense			
Other expense			
Total expense			
Profit			

Production Schedule
(생산스케줄양식)

Unit Name: ______________________________

Date: ______________________________

	Menu Item	Sales Forecast	Prior Day Carryover	New Production	Total Available	# Sold	Carryover

Special Instructions: ______________________________

____

____

Prepared by: ______________________________

Purchase Order
(구매요구양식)

Unit Name: ______________________

Vender: ______________________ Delivery Date: ______________________

Vender's Telephone#: ____________

Item Purchased	Spec #	Qty Ordered	Quoted Price	Ext Price
1.				
2.				
3.				
4.				
5.				
6.				
7.				
8.				
9.				
10.				
11.				
12.				
13.				
14.				
15.				
16.				

Order Date: ______________________ Comments: ______________________

Ordered by: ______________________

Received by: ______________________

Delivery Instructions: ____________

____

Quarterly Sales Forecast
(분기판매예측양식)

Unit Name: ______________________________

Month/Year	Customer Counts			Check average			Projected Sales
	Last Year	Projected % Increase	Total Expected	Last Year	Projected Increase	Check Average Forecast	
Quarter total							

Inventory Valuation Sheet
(재고평가양식)

Unit Name: ______________________________

Inventory Date: ________________

Item	Item Amount	Item Value	Inventory Value
		Page Total	

Extended by: ________________ Page ________ of ________

Counted by: ________________

Quarterly Sales History
(분기별 판매기록양식)

Unit Name: ______________________

Month	Sales This Year	Sales Last Year	Variance	Percentage Variance
January				
February				
March				
Total				

Month	Sales This Year	Sales Last Year	Variance	Percentage Variance
April				
May				
June				
Total				

Month	Sales This Year	Sales Last Year	Variance	Percentage Variance
July				
August				
September				
Total				

Month	Sales This Year	Sales Last Year	Variance	Percentage Variance
October				
November				
December				
Total				

Quarterly Sales Projection
(분기별 판매예측양식)

Unit Name: ____________________

Month	Sales Last Year	Predicted Change	Projected Sales Increase
January			
February			
March			
Total			

Month	Sales Last Year	Predicted Change	Projected Sales Increase
April			
May			
June			
Total			

Month	Sales Last Year	Predicted Change	Projected Sales Increase
July			
August			
September			
Total			

Month	Sales Last Year	Predicted Change	Projected Sales Increase
October			
November			
December			
Total			

Receiving Report
(검수양식)

Unit Name: ______________________________

Date: ____________________

Supplier	Invoice #	Item	Unit Price	# of Units	Total Cost	Distribution				
						A	B	C	D	E
Total Units										
Total										

Distribution Key:

A. ____________________ D. ____________________

B. ____________________ E. ____________________

C. ____________________ ____________________

Comments: __________

____

____

____

Salad Bar or Buffet Product Usage
(샐러드바기록양식)

Unit Name: ______________________________

Date: ________________

Item	Category	Beginning Amount	Additions	Ending Amount	Total Usage	Unit Cost	Total Cost
Total product cost							

Total Product Cost: ________________

Guest Served: ____________________ Cost per Guest: ____________

Sales History Average Sales per Guest
(객단가기록양식)

Unit Name: ______________________

Sales Period	Date	Sales	Guests Served	Sales per Guest
Monday				
Tuesday				
Wednesday				
Thursday				
Friday				
Saturday				
Sunday				
Week's total				

Sales Period	Date	Sales	Guests Served	Sales per Guest
Monday				
Tuesday				
Wednesday				
Thursday				
Friday				
Saturday				
Sunday				
Week's total				

Sales History Daily Guests
(요일별 고객기록양식)

Unit Name: ______________________________

Number Sold______________________________

Serving Period	Mon	Tues	Wed	Thurs	Fri	Sat	Sun	Total

Serving Period	Mon	Tues	Wed	Thurs	Fri	Sat	Sun	Total

Sales History Menu Items
(메뉴별 기록양식)

Unit Name: ______________________________

Date: ______________________________

Menu Item	Mon	Tues	Wed	Thurs	Fri	Sat	Sun	Total	Wk Avg
Total									

Sales History Weekly Sales
(주간기록양식)

Unit Name: ______________________________

Sales Period	Date	Sales	Sales to Date
Monday			
Tuesday			
Wednesday			
Thursday			
Friday			
Saturday			
Sunday			
Week's total			

Sales Period	Date	Sales	Sales to Date
Monday			
Tuesday			
Wednesday			
Thursday			
Friday			
Saturday			
Sunday			
Week's total			

Storeroom Requisition
(저장출고양식)

Unit Name: ______________________________

Requisition#: __________________ Date: ______________________

Item	Storage Unit	Requested Amount	Unit Cost	Total Cost
Total				

To: Kitchen _______________ Requisition Approved by: _______

Bar ___________________ Requisition Filled by: __________

참고문헌

Asch, AB, Hospitality Cost Control, Prentice Hall. 2006.

Donson, LR, Hayes, DK, & Miller JE, Food and Beverage Cost Control, 4th ed., John Wiley & Sons, Inc. 2008.

Gregoire, MB & Spears, MC, Foodservice Organizations, 6th ed., Prentice Hall. 2007.

Hales, JA, Accounting and Financial Analysis in the Hospitality Industry, Prentice Hall, 2011.

Lewis, C. & Brown DR, The Foodservice Professional Guide to Controlling Restaurant % Foodservice Operating Costs, Atlantic Publishing Group Inc. 2003.

Schmidgall RS, Hospitality Industry Managerial Accounting, 5th ed., Educational Institute. 2002.

Schmidgall RS, Hayes, DK, & Ninemeierm JD, Restaurant Financial Basics, John Wiley & Sons, Inc. 2002.

Snaders. EE, Hill, TH, & Faria, DJ, Understanding Foodservice Cost Control, Prentice Hall, 2008.

Taylor JH & Brown, DR, The Foodservice Professional Guide to Building Restaurant Profits, Atlantic Publishing Group Inc. 2003.

The Foodservice Professional Guide to Controlling Restaurant & Foodservice Food Costs, Atlantic Publishing Group Inc. 2003.

양일선 · 이보숙 · 차진아 · 한경수 · 채인숙 · 이진미, 개정4판 단체급식, 교문사, 2018.

www.ncs.go.kr 2014국가직무능력표준 활용패키지

답 안 지

답안지

제2장 수입과 비용관리

27p.

	20XX 예산 (천원)	%	20XX 결산 (천원)	%
매출	24,000,000	100.0	20,000,000	100.0
식음재료비	6,000,000	25.0	6,000,000	30%
인건비	9,000,000	37.5	8,000,000	40%
운영비	2,400,000	10%	1,200,000	6.0
총비용	17,400,000	72.5	15,200,000	76.0
수익	6,600,000	27.5	4,800,000	24.0

30p.

(1) 15,000,000

(2) 고정종업원인건비, 홍보비, 임대비, 감가상각비 7,800,000

(3) 14,000,000

31p.

변동비용	고정비용
a. 1. 식재료비	a. 2. 피아노 대여료
b. 3. 얼음구입비	b. 4. 라디오 광고비
c. 6. 임시직 인건비	c. 5. 임대료
d. 7. 수도비	d. 8. 주방기구 대여료
e.	e. 9. 장기대여 이자비
f.	f. 10. 토지 세금
g.	g.
h.	h.
i.	i.
j.	j.

32p.

기타 지출	통제할 수 있는	통제할 수 없는
1. 토지세		O
2. 메뉴판 인쇄비	O	
3. 음악비	O	
4. 얼음구입비	O	
5. 자선비	O	
6. 세탁비	O	
7. 꽃과 데커레이션	O	
8. 수도비	O	
9. 자격증 관리비		O
10. 전기비	O	

36p.

(1,000,000 － 10,000) / 10년 ＝ 99,000원/년

37p.

	올해(천원)	%	작년(천원)	%
수입	965,000	100.0%	875,000	100.0%
비용				
식음재료비	367,000	38.0%	350,000	40.0%
인건비	338,000	35.0%	315,000	36.0%
기타	144,000	15.0%	140,000	16.0%
총비용	849,000	88.0%	805,000	92.0%
이익	116,000	12.0%	70,000	8.0%

* 매출액 대비 각 비용의 퍼센트가 증가되어 이익 퍼센트가 매출감소와 함께 같이 감소됨.

제3장 매출예측

40p.

	서빙 고객수(Guest served)							
서빙시간	월	화	수	목	금	토	일	총계
7:00-9:00	121	120	130	100	120	80	50	721
9:01-11:00	40	40	40	40	40	40	40	280
11:01-13:00	131	130	120	120	150	50	40	741
13:01-15:00	11	10	10	10	10	10	10	71
15:01-17:00	42	40	40	40	40	40	40	282
17:01-19:00	161	170	180	160	200	100	100	1,071
총계	506	510	520	470	560	320	280	3,166

41p.

올해	현찰판매(천원)	고객수	객단가	5% 증가수	내년 현찰판매 계획(천원)
1월	45,216	4,800	9.42	240	2,261 증가
2월	48,538	5,120	9.48	256	2,427 증가
3월	50,009	5,006	9.99	251	2,507 증가
4월	45,979	4,960	9.27	248	2,299 증가
5월	49,703	5,140	9.67	257	2,485 증가
6월	48,813	5,300	9.21	265	2,440 증가
7월	55,142	5,621	9.81	281	2,757 증가
8월	59,119	6,002	9.85	300	2,955 증가
9월	55,257	5,780	9.56	289	2,763 증가
10월	50,900	5,341	9.53	267	2,545 증가
11월	54,054	5,460	9.90	273	2,702 증가
12월	50,982	5,482	9.30	274	2,548 증가
합계	613,712	64,012	9.58	3,200	30,656 증가

42p.

구역#	판매			
	이번 기간(천원)	지난 기간(천원)	변화(천원)	증가 또는 감소(%)
1	5,276	4,885	391 증가	8.0% 증가
2	6,006	5,997	9 증가	0.1% 증가
3	5,640	6,180	540 감소	8.7% 감소
4	7,700	7,850	150 감소	1.9% 감소
5	7,567	4,891	2,676 증가	54.7% 증가
합계	32,189	29,803	2,386 증가	8.0% 증가

제4장 식재료비 통제

50p.

	필요량	구매량	구매비용
소고기요리 21인분	4.2kg	5.26kg	168,320원
돼지고기요리 18인분	3.6kg	4.5kg	76,500원
닭요리 15인분	3.0kg	3.3kg	29,370원
칠면조요리 30인분	6.0kg	6.6kg	211,200원
참치요리 16인분	3.2kg	3.36kg	137,760원

51p.

22,184,000 + (11,501,000 + 6,300,000 + 9,641,000 + 32,384,000) − 23,942,000 = 58,068,000

52p.

	판매	구입	비용 %
주	오늘	오늘	오늘
1/1	3,482,000	1,645,000	47.2%
1/2	2,971,000	2,006,000	67.5%
1/3	2,855,000	1,107,000	38.8%
1/4	3,001,000	986,000	32.9%
1/5	3,645,000	1,245,000	34.2%
1/6	4,850,000	2,006,000	41.4%
1/7	6,701,000	-0-	-
1/8	3,609,000	1,799,000	48.8%
1/9	2,966,000	851.000	28.7%
1/10	3,105,000	924,000	29.8%

제5장 음료비 통제

59p.

샴페인 250인분 × 3번 × 3온스 = 2,250온스

화이트와인 500인분 × 3번 × 4온스 = 6,000온스

스피리트 250인분 × 3번 × 1온스 = 750온스

60p.

날짜	항목	양	생산 가치 To Bar	생산 가치 From Bar	Issued by	Received by
1/2	레몬	40	2,400		T.A	B.P
1/3	커피	12 lbs	25,200		T.A	B.P
	크림	2 qts	1,600		T.A	B.P
1/4	화이트와인	1 gal		5,200	B.P	T.A
	아이스크림	1/2 gal	3,300		T.A	B.P
1/5	파인애플 주스	1 gal	3,000		T.A	B.P
	쉐리	1/2 gal		7,000	B.P	T.A
1/7	올리브	1 gal	8,500		T.A	B.P
Total product value			44,000	12,200		

61p.

음식	45,800	+	65,400	−	41,200	=	70,000	40%
맥주	4,500	+	2,900	−	4,400	=	3,000	25%
와인	65,000	+	15,400	−	66,900	=	13,500	30%
알코올음료	6,400	+	11,850	−	8,050	=	10,200	20%

제6장 생산비용관리

65p.

재료		재료 비용	
항목	양	단가 (원/단위)	총 비용
Boston butt	4.8kg	20,000/kg	96,000
준's 스파이스 소스	40g	400/g	16,000
양파	80g	60/g	4,800
물	1/4컵	N/A	
소금	2g	20/g	40
후추	1g	60/g	60
마늘	1clove	60/clove	60
파인애플 주스	1/2컵	2,000/컵	1,000
총비용			

총 레시피 비용: 117,960 레시피 번호:
1인분 비용: 4,915 가능함
이전 1인분 비용:

66p.

항목	판매수	1인분 비용	총 비용	메뉴 가격	총판매
Chocolate Chip	85doz	1,320	112,200	3,400원/doz	289,000
Macadamia	60doz	1,600	86,000	4,100/doz	246,000
Coconut Chip	70doz	830	58,100	2,900/doz	203,000
Fudge	141doz	1,420	200,220	3,800/doz	535,800
M & M	68doz	1,390	94,520	3,400/doz	231,200
소프트드링크	295	200	59,000	1,500	442,500
커피	160	900	144,000	2,500	400,000
합계			754,040		2,347,500

67p.

1. 샐러드의 재료가 제철 재료인지 점검
2. 1인분 양에 대한 점검
3. 표준 레시피에 따른 생산 수율 점검
4. 저가격 대안 메뉴 개발
5. 패키지 메뉴로 가격조정
6. 고기 구입 시 구매방법 점검

제7장 식음료가격책정

70p.

항목	판매수	메뉴비용	총판매비용	판매가격	총판매액	식재료비%
햄버거	200	1,500	300,000	3,500	700,000	42.9
프렌치프라이	185	400	74,000	1,600	296,000	25.0
음료	190	200	38,000	1,200	228,000	16.7
총계			412,000		1,224,000	33.7

제8장 인건비 통제

81p.

고기생산	8 × 0.25 × 7,000 =	14,000
빵생산	8 × 0.15 × 7,000 =	8,400
샐러드생산	8 × 0.1 × 7,000 =	5,600
서비스	8 × 0.2 × 5,000 =	8,000
위생	8 × 0.2 × 5,000 =	8,000
관리, 경영	8 × 0.1 × 5,000 =	4,000
		48,000원

82p.

Volume/Staffing Forecast for Saturday
The Baroness

시간	# 고객 예상수	Waitperson Hours Needs	Busperson Hours Needs
5:30 - 6:00	170	17	7
6:00 - 6:30	190	19	8
6:30 - 7:00	250	25	10
7:00 - 7:30	340	34	14
7:30 - 8:00	260	26	11
8:00 - 8:30	285	29	10
8:30 - 9:00	205	21	8
9:00 - 9:30	180	18	7
9:30 - 10:00	160	16	6
10:00 - 10:30	90	9	4
10:30 - 11:00	85	9	3
11:00 - 11:30	60	6	2
합계	2,275		

83p.

Operating Results (단위: 천원)

			Steve's Airport Deli				For week 1 - 5	
	판매			노동비용			노동비용 (%)	
주	예산	Actual	%of Budget	예산	Actual	%of Budget	예산	Actual
1	2,500	2,250	90	875	900	102	35	40
2	1,700	1,610	95	595	630	106	35	39
3	4,080	3,650	89	1,224	1,300	106	30	36
4	3,100	2,800	90	1,085	1,100	101	35	36
5	2,600	2,400	92	910	980	107	35	41
합계								

제9장 운영비 통제

98p.

날 짜	Band	Band Expense	Lounge Sales	지출 %	# of Guest Served	Cost per Guest Served
1/1	Tiny and the Boys	1,400	11,400	12	1,425	8
2/1	Shakin's Bill and the Billfolds	1,900	12,250	16	1,980	6
3/1	La Noise	2,000	12,000	17	2,005	6
4/1	The Hoppers	2,000	10,250	20	2,100	5

제10장 손익분기

104p.

Total sales:	3,465,000(100%)	Sales per guest:	1,650
Variable costs:	2,356,200(68%)	Guest served:	2,100
Fixed costs:	693,000(20%)		
Net profit:	415,800(12%)		
Break-even point in sales:		2,186,250	
Break-even point in guest served:		1,325	

693,000 / (1,650 − 1,122) = 1,325

제14장 손익계산서의 작성 및 분석

190p.

현찰 판매						
	월	화	수	목	금	총액
아침 7 - 11 A.M	18,950	20,533	19,722	24,160	21,435	104,800
점심 11A.M - 3P.M	48,790	60,620	59,620	60,000	79,982	309,012
저녁 3P.M - close	71,522	48,751	62,280	68,590	79,240	330,383
총합계	139,262	129,904	141,622	152,750	180,657	744,195

고객수						
	월	화	수	목	금	총
아침 7 - 11 AM	48	52	50	60	54	264
점심 11A.M - 3P.M	81	97	120	83	120	501
저녁 3P.M - close	65	50	68	62	80	325
총합계	194	199	238	205	254	1,090

192p.

1일	현금	2,500,000	주식	2,500,000
2일	현금	500,000	융자	500,000
3일	토지	2,000,000	현금	1,000,000
	건물	3,000,000	미지급금	4,000,000
6일	건물	1,000,000	현금	300,000
			미지급금	700,000
8일	광고비	20,000	현금	20,000
10일	현금	300,000	객실수익	300,000
16일	급료	200,000	현금	200,000
18일	수도비	5,000	현금	5,000
20일	유가증권	140,000	현금	140,000

22일	현금	200,000	식음료수익	230,000
	외상매출	30,000		
23일	보험비	10,000	현금	10,000
24일	식음재료비	100,000	현금	50,000
			외상매입	50,000
25일	소모품비	15,000	현금	15,000
26일	현금	320,000	객실수익	200,000
	외상매출	80,000	식음료수익	150,000
			임대료수익	50,000
27일	전기료	43,000	현금	43,000
30일	현금	90,000	유가증권	70,000
			유가증권처분이익	20,000

현금	
2,500,000	1,000,000
500,000	300,000
300,000	20,000
200,000	5,000
320,000	140,000
90,000	10,000
	50,000
	15,000
	43,000
	200,000
2,127,000	

주식	
	2,500,000
	2,500,000

융자	
	500,000
	500,000

토지	
2,000,000	
2,000,000	

건물	
3,000,000	
1,000,000	
4,000,000	

미지급금	
	4,000,000
	700,000
	4,700,000

광고비	
20,000	
20,000	

급료	
200,000	
200,000	

수도비	
5,000	
5,000	

보험비	
10,000	
10,000	

식음재료비	
100,000	
100,000	

소모품비	
15,000	
15,000	

전기료	
43,000	
43,000	

외상매출	
80,000 30,000	
110,000	

객실수익	
	300,000 200,000
	500,000

식음료수익	
	230,000 150,000
	380,000

임대료수익	
	50,000
	50,000

유가증권	
140,000	70,000
70,000	

유가증권처분이익	
	20,000
	20,000

외상매입	
	50,000
	50,000

재무상태표

자산	
유동자산	
현금	2,127,000
외상매출	110,000
유가증권	70,000
고정자산	
토지	2,000,000
건물	4,000,000
자산총계	8,307,000
부채	
융자	500,000
미지급금	4,700,000
외상매입	50,000
자본	
주식	2,500,000
균형자금	557,000
부채와 자본총계	8,307,000

손익계산서

수익	
객실수익	500,000
식음료수익	380,000
임대수익	50,000
유가증권처분이익	20,000
총수익	950,000
비용	
식음재료비	100,000
광고비	20,000
전기료	43,000
소모품비	15,000
수도료	5,000
급료	200,000
보험비	10,000
총비용	393,000
당기순이익	557,000

제15장 예·결산 작성 및 분석

197p.

차변		대변	
5/1 현금	200,000	식음료수익	200,000
5/5 식재료비	50,000	외상매입	50,000
5/8 수도비	5,000	현금	5,000
5/10 현금	500,000	융자	500,000
5/15 외상매출	100,000	식음료수익	100,000
5/17 소모품비	15,000	현금	15,000
5/28 전기비	10,000	현금	10,000

206p.

항목	예산	Actual	%of Budget
Meals served	290,000	146,000	50
지출			
식음재료비	170,000	84,000	49
인건비	125,000	63,000	50
기타	60,000	31,000	52
총 지출	355,000	178,000	50
Reserve 저축	5,000	5,000	—

* 예산의 50% 수준 밖에 실행을 못하고 있어 지급이 어려움

207p.

P&L				
	올해	%	작년	%
판매	2,135,000	100%	1,865,000	100%
식음재료비	661,850	31	615,450	33
인건비	671,000	31	540,000	29
기타 지출	448,350	21	313,950	17
이익	353,800	17	395,600	21

가격판매 5% 증가시 2,241,750,000원 이익은 460,550,000원 증가

가격판매 5% 증가하고 인건비 10% 증가하면 이익은 31,720,000원 감소

208p.

Last Year' s Results				
Elizabeth' s Pizza Parlor				
	Quarters (단위: 천원)			
	1	2	3	4
판매	192,000	189,000	117,000	209,000
음식 지출	65,000	30,000	41,000	73,000
노동 지출	57,000	56,000	35,000	62,000
기타 지출	38,000	37,000	23,000	41,000
총 지출	160,000	123,000	99,000	17,6000
이익	32,000	66,000	18,000	33,000
Guest served	3,000명	3,000명	1,700명	3,100
Average sale per guest	64	63	68	67

예산				
1. 고객수 5% 증가	3,150명	3,150명	1,785명	3,255명
2. 음식지출 3% 증가	66,950,000원	30,900,000원	42,230,000원	75,190,000원
3. 노동지출 10% 증가	-	-	-	68,200,000원
4. 평균객단가 5% 증가	-	-	-	70,000원

찾아보기

M

O

P

R

S

T

U

W

Y

가

다

마

바

사

아

자

차

타

파

하

저자약력

이진미

연세대학교 식품영양학과(학사)
Kansas State University, Hotel, Restaurant, Institution Management & Dietetics(M.S)
Kansas State University, Hotel, Restaurant, Institution Management & Dietetics(Ph.D)
한국식생활문화학회 평이사, 대한지역사회영양학회 평의원, 한국식품조리과학회 평이사, 대한영양사협회 학술지심사위원
현재) 백석문화대학교 식품영양과 교수

【저서 및 논문】
조리체계론(2002, 공저)
공중보건학(2018, 공저)
개정4판 단체급식(2018, 공저)
현장실무에서 관리자들이 꼭 알아야 할 NCS기반 식품위생관리(2016)

저자와의
합의하에
인지첩부
생략

NCS 외식원가관리

2009년 3월 15일 초 판 1쇄 발행
2022년 3월 10일 개정4판 2쇄 발행

지은이 이진미
펴낸이 진욱상
펴낸곳 백산출판사
교 정 편집부
본문디자인 오행복
표지디자인 오정은

등 록 1974년 1월 9일 제1-72호
주 소 경기도 파주시 회동길 370(백산빌딩 3층)
전 화 02-914-1621(代)
팩 스 031-955-9911
이메일 editbsp@naver.com
홈페이지 www.ibaeksan.kr

ISBN 979-11-5763-884-0 93590
값 18,000원